異色の鹿児島人シリーズ❶

元東宮女官長

島津治子不敬事件の真相

米村秀司

ラグーナ出版

はじめに――松本清張の遺作『神々の乱心』と本書の趣旨

松本清張の遺作『神々の乱心』は、元東宮女官長の島津治子不敬事件を中心に二・二六事件など昭和初期に日本国内外で起きた事件を素材に小説化している。大正末期から昭和初期にかけて激動する日本で、新興宗教、皇室、政府、軍部の動きを俯瞰した壮大な作品である。「週刊文春」で平成二（一九九〇）年三月から連載され、皇室と新興宗教の関わりをテーマに島津治子を仮名で登場させているが、残念ながら未完のまま終わっている。

定年後、「松本清張記念館友の会」に入会した私は、松本清張の『昭和史発掘』を乱読した。そして北九州市小倉の「松本清張記念館」を訪れ、この事件の概要を知った。『神々の乱心』は『昭和史発掘』が基礎資料となっている。

島津久光の孫、島津治子は大正一二（一九二三）年十二月、東宮女官長に抜擢された。病弱な大正天皇、摂政に就任した裕仁皇太子、そして古くからの宮中行事を大事にする貞明皇后との複雑な人間関係の中で、四年間の宮中生活を過ごした。

東宮女官長を辞めた後は、大日本連合婦人会の理事長として当時の雑誌にさまざまな論文を寄稿し女性の地位向上を推進したが、そんな中で不敬事件が起きた。この事件にはオカルトともいうべき新興宗教「神政龍神会」と島津との関係が見え隠れする。

なぜ島津は、「神政龍神会」に接近したのだろうか。

その要因に、鹿児島出身の海軍の軍人や右翼思想家の存在があった、と私は推察する。特に、鹿児島二中出身で「神政龍神会」ナンバー2の加世田哲彦は最有力の人物であったと思われる。

昭和一一（一九三六）年に不敬罪で逮捕された島津は、精神病院に一年ほど収容された後、釈放された。そして昭和四五（一九七〇）年、九二歳で死去した。葬儀は鹿児島市でおこなわれた。

島津久光の孫娘として生まれ、宮中から招かれて東宮女官長まで上り詰めた島津治子。その生涯を探る手がかりは、わずかしか残されていない。

松本清張はこの不敬事件を五〇年前に取材し『昭和史発掘』で紹介しているが、鹿児島ではこの事件を取り扱った書籍や論文はない。だから私は執筆を前に資料の収集など「渾身の取材」を重ねた。

本書では島津治子の波乱に満ちた生涯を、当時の政府要人の日記や皇室関係者の証言などから追う。

元東宮女官長　島津治子不敬事件の真相――目次

第一章　激震走る

一、島津治子の逮捕

昭和一一（一九三六）年八月二七日、警視庁は邪教を摘発し、元東宮女官長の島津治子ら三人の女性を検挙した。二日後の八月二九日、東京朝日新聞、大阪毎日新聞、大阪朝日新聞はこの事実を大きく報道した。

東京朝日新聞は「警視庁邪教にメス　島津元女官長を検挙」、大阪毎日新聞は「奇怪・名流婦人たちが狂信の果、放つ妖言《ようげん》　島津治子女史ら引致《いんち》さる」、大阪朝日新聞は「元女官長島津女史　不敬容疑で留置さる　〝神がかり〟で奇怪な放言」という見出しで報道した。各社とも五段から八段の紙面を割いて事件の詳細を伝える衝撃的なニュースだった。

各社の報道を要約すると、島津治子（以下、島津）は自宅で毎日「祈りの会」を開き、神のお告げがあったとして、事実無根の放言や奇怪な言動をしていたもので、自宅の神前に会員を座らせて「みそぎ」と称する行《ぎょう》を施し、神霊に対して正座して両手を組み、精神統一を行っていた。そして、「神のお告げ」として、高松宮が近いうちに天皇に即位するなど、さまざまな不敬発言をしていた。

島津も取り調べに対して、これを事実と堂々と認めている。

大阪毎日新聞は同年八月三〇日に、続報として島津邸が家宅捜索されたことを報道した。島津邸には祭壇が設けられ、押収された日記帳には狂信的な生活の詳細が記録されていた。捜索した警視庁の係官は日記を読み、唖然としたと伝えている。

さらに同紙は、これらの狂信的な「神がかり」状態における言動は精神異常者と同様であるが、警視庁は精神鑑定を認めず強硬方針で検挙するとしている。その理由として、「元来、狂信者は『神がかり』状態にある間はその精神作用によって自分の言動は意識されないが、彼女らの場合は、その間の事情を十分認識し、自分たちの言動が検察当局から摘発されることも自覚している」と伝えている。

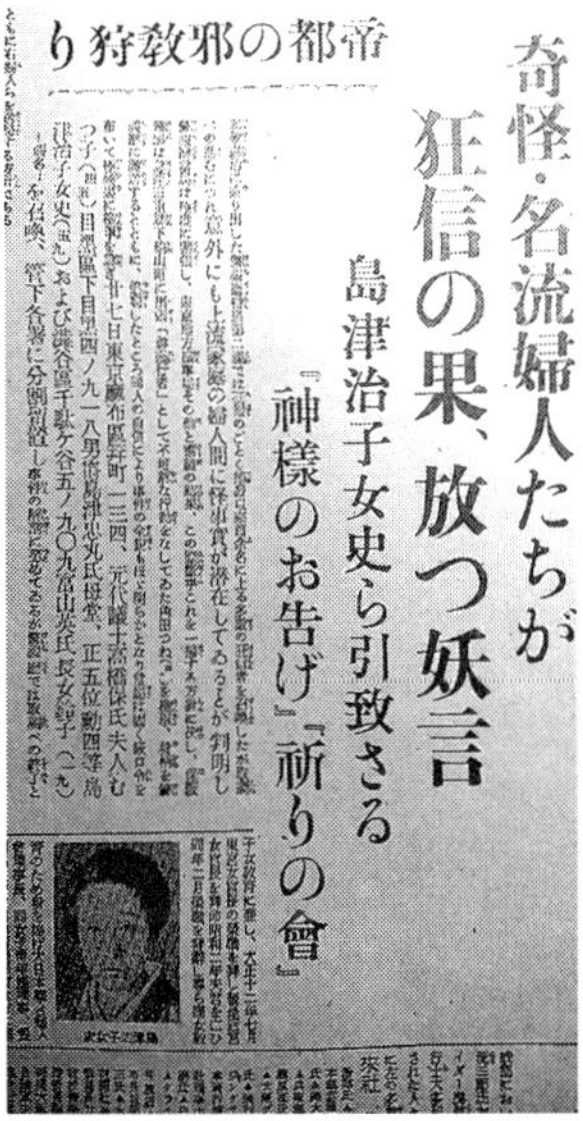
帝都の邪教狩り
奇怪・名流婦人たちが
狂信の果、放つ妖言
島津治子女史ら引致さる
『神様のお告げ』『祈りの會』

大阪毎日新聞（昭和11年8月29日）

東京朝日新聞は、留置場での島津の談話として次のように報道している。

「霊感を精神の膠着状態と他人は思うかもしれないが、自分は霊感の際もはっきりした意識の中にある」

島津は心神喪失状態ではないことを、自ら述べているのである。

詳細は本章の五で紹介する。

二、一転して精神病院へ

昭和一一年九月二四日、検挙から二九日後に島津は釈放され、東京の松澤病院（精神病院）へ送られた。

同日午前八時から警視庁の技師（医師）が精神鑑定をおこない、感応性精神病と診断、妄想や幻覚がいまだに続いているとして精神病院送致が決まった。異例のスピード診断である。診断書は「不起訴意見付き」とされたが、これも極めて異例の措置だった。

診断した医師は、「島津さんは家庭の不幸から精神的に非常な衝動を受けた。昭和七年に宗教的な精神病者に接近し、知らず知らずの間に神霊を狂信し、異常をきたした、と推定する。信仰上の妄想や幻覚はまだ残留しているが、この病気は快癒するものと考える」と話している。

また島津は取り調べに対して次のように話している。

「私は昭和二（一九二七）年に夫を失い、悲観の末、心の迷いを解くため悟りの道を禅に求め麻布の賢崇寺へ参禅し、飯田権陰師に師事しました。師は、『霊験でなくては駄目だ』

釋放され松澤へ
「あゝ龍神様が現はれる――」
幻さめぬ島津女史
ゆく路も闇
調書の言葉
奇怪 貰ひ兒の
榮養不良で

東京朝日新聞（昭和11年９月25日）

島津女史、松澤病院へ
檢擧以來、廿九日ぶり
愛孃の死から遂に精神病者に

右・大阪毎日新聞（昭和11年９月25日）

と訓戒されたので三年間真剣に悟りの道を求めました」

島津は二九日間の拘留生活を終え、九月二四日夕刻、軽い夕食の蕎麦を食べた後、午後七時に警視庁青山警察署から釈放された。報道陣のカメラを避けるため刑事たちが人垣を作るなか、長い留置場生活でやつれた姿の島津は青山警察署の表玄関から車で松澤病院へ向かった。車には警視庁特高課の警部や医師が乗り込み、午後八時二五分、世田谷区の松澤病院に到着。待ち受けていた家族らに出迎えられて第一病棟特別室に収容された。同夜は島津家の女中二人に介護されながら初めて入浴し、長い留置場生活の垢を落とした。そして睡眠薬で興奮を鎮め、病院生活の第一夜を眠った。

島津はなぜ、精神病院送致となったのだろうか。

歴史ある島津家一族から不敬犯罪者が出たとなれば、爵位を返上せざるを得なくなる。仮に爵位を返上すれば、島津家は一般人と同じ扱いになる。

名門家出身という背景を考慮し、精神病院へ送致することで、本家の島津公爵家や宮之城島津家を汚名から避ける配慮が働いた、と推察する。

この決定には、大正から昭和初期にかけて政財界にいた薩派と呼ばれた薩摩人政治家の存在がある。

島津治子事件を取材した書物のうち、松本清張の『昭和史発掘』や未完の遺作『神々の乱心』では、この背景に言及していないが、後述する『牧野伸顕日記』や『木戸幸一日記』には薩派の水面下の動きが見え隠れする。

三、島津治子の生い立ち

島津久光の孫として

ここで島津治子の生い立ちについて紹介する。

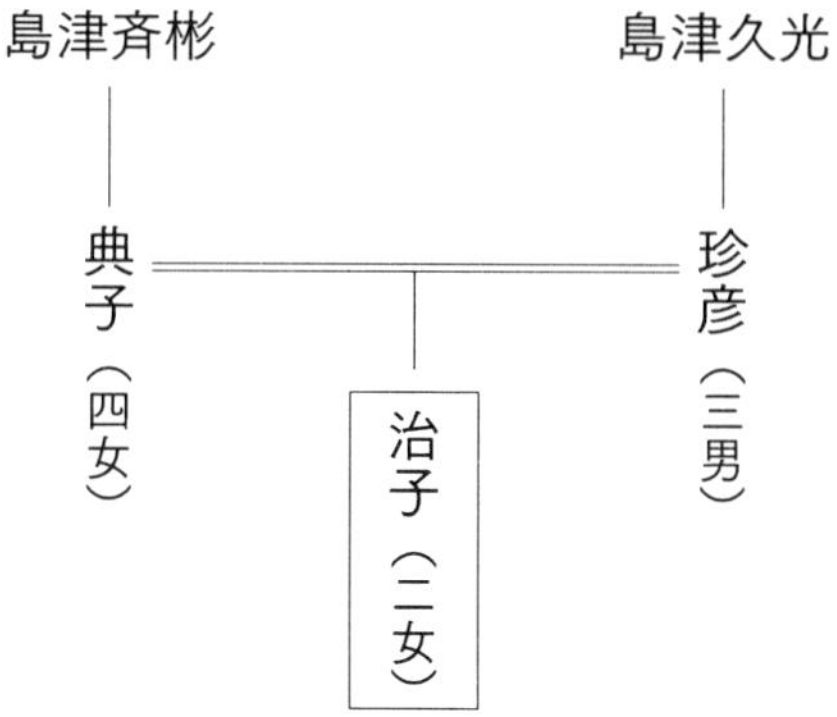

明治一一（一八七八）年七月七日、島津治子は島津珍彦《うずひこ》の二女として生まれた。珍彦は島津久光の三男、珍彦の妻典子は島津斉彬の四女で、治子は久光の孫であり、斉彬の孫にもあたる。

明治一七年華族令が制定され、旧大名の一族や皇族などは、家格を公爵、侯爵、伯爵、子爵、男爵の五段階に分けられた。島津久光は第一位の公爵、三男の珍彦は男爵に叙階された。治子は男爵の娘で、華族として人生を歩むことになった。

当時、華族は東京に住むことが決められていた。明治二二年、治子は一一歳の時に鹿児島から上京、東京の華族女学校に入学した。華族女学校の前身は明治一〇年に開校した学習院の女子部で、明治一八年に華族女学校と名前を変えた。治子が入学した年に四谷から永田町へ新築移転している。

華族女学校の所轄は文部省ではなく「皇后及び宮

内省」と定められており、開校式は皇后陛下もご臨席のもとで行われた。

明治一七年六月二五日生まれの貞明皇后《ていめいこうごう》（大正天皇の皇后）は明治二三年九月、華族女学校初等小学科に入学。治子は貞明皇后より六歳年上だが、二人は同時期に華族女学校に在籍していた。

久邇宮《くにのみや》家の邦彦《くによし》王妃、俔子《ちかこ》は島津忠義の七女で、大名一族の娘が宮家に嫁いだ典型的な例だった。治子と俔子王妃は従姉妹同士であり、後年、治子が側近を務めた良子《ながこ》女王（のちの香淳皇后《こうじゅんこうごう》）は俔子の娘である。

明治二九年、治子は一八歳で宮之城島津家の第一五代当主久治の長男、長丸《ながまる》と結婚、二男四女をもうけた。

余談だが、昭和一二年発行の「婦人公論」は、「邪宗教事件の真相」というタイトルで島津治子の半生を紹介している。

それによると、「治子が五人目の子を産んだ年の春、夫の長丸が家中の侍女にかりそめの情けを与えた。治子はこの事実を知り心に深い空洞を生じて、信仰生活に入ったというのが入信の動機である」と記述している。

この記事が真実であるか不明だが、治子が宮中を去る表向きの理由は、夫の長丸の死去

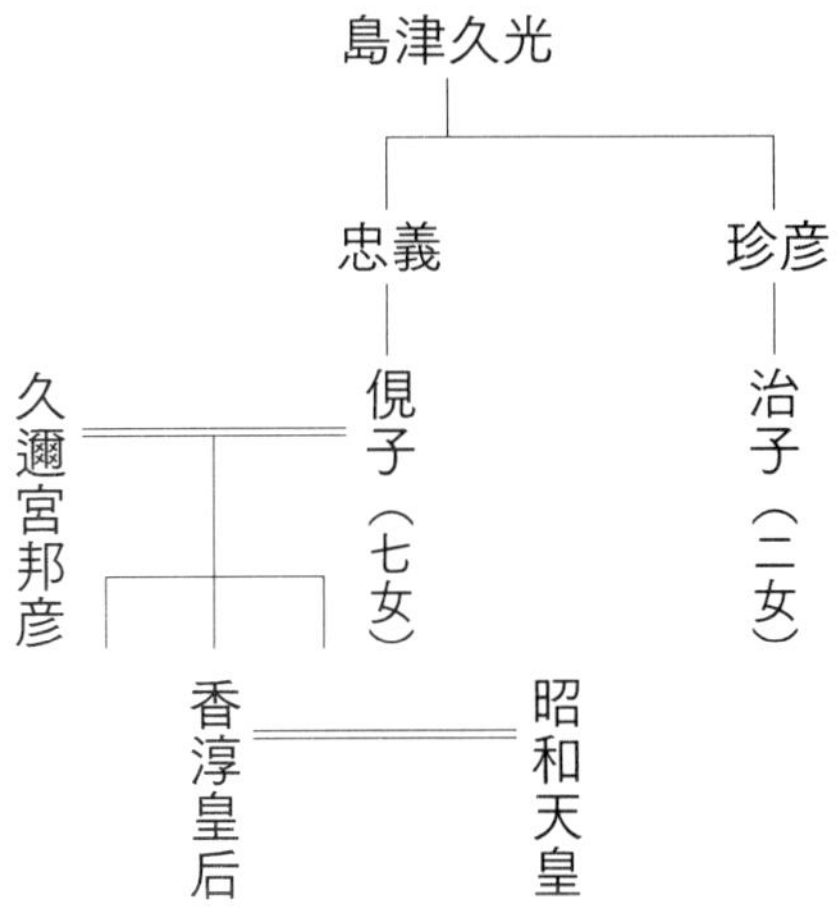

だった。

治子が宮中を去った真の理由は、後述する『牧野伸顕《まきののぶあき》日記』や『河合侍従次長日記』で分かるように、天皇に対する不穏な言動であった。この時期（逮捕される昭和一一年八月）まで治子は東京で生活していた。同誌では、治子が麻布の見性寺《けんしょうじ》や鎌倉の円覚寺《えんがくじ》で座禅を続けたことが紹介されている。円覚寺近くの法華堂跡には島津初代の忠久の墓があり、治子は法華堂へも訪れたと思われる。

鶴嶺女学校校長に就任

明治三〇年六月一日、鹿児島市平之町に開校した鶴嶺《つるがね》女学校は島津家（初代校長　島津サエコ）が創設したもので、高等小学校を卒業した鹿児島の女子に一段と高い教養を身につけさせるために開校された。第一高等女学校（現在の鶴丸高校）開校の五年前である。当時、鹿児島で唯一の私立女学校だった。当時の鹿児島市の人口は約六万二〇〇〇人だった。明治四〇年に発行された鹿児島市内の地図によると鹿児島市平之町に鶴嶺女学校が表示されている。

明治初期の廃仏毀釈運動で島津家の菩提寺福昌寺は廃寺となった。このため島津家は鶴嶺《つるがね》神社を建立し先祖を崇拝した。女学校の名前はこれを継承したものと思われる。鶴嶺神社は現在、鹿児島市吉野町の仙巌園に隣接したところにある。

明治四〇年一二月、島津治子は二九歳の若さで鶴嶺女学校の三代目校長に就任、鹿児島の女子教育に力を注いだ。就任二年後の明治四二年には校舎を鹿児島市清水町に移転、「日本の建国の精神に基づき薩摩古来の美風を尊重して内剛外柔の婦徳を養おう」と校訓を定め、良妻賢母の女子教育を推進した。傍線の「日本建国の精神」という考えが後年、治子の思想形成に関係した、と推察する。

鶴嶺女学校は士族出身者の花嫁学校として東京でも評判になり、後藤新平や松方正義、樺

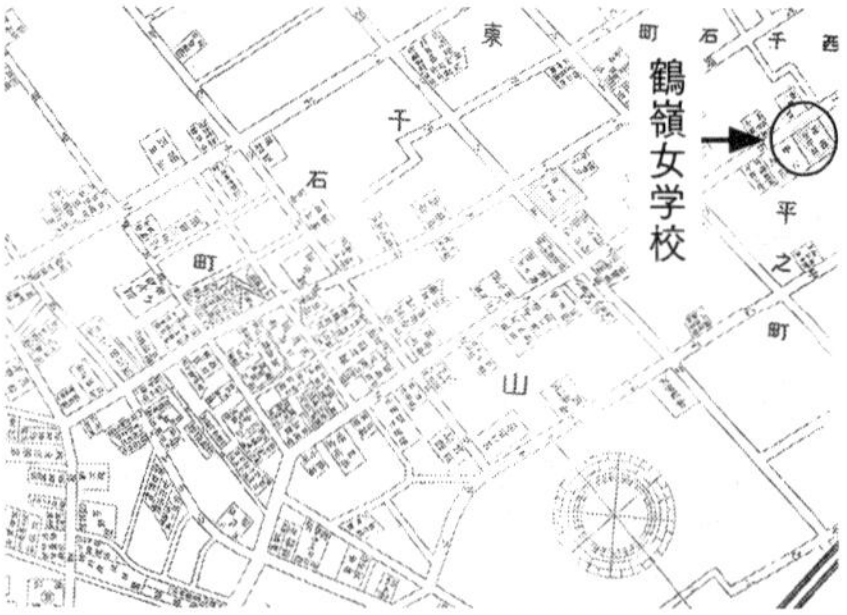

明治40年の鹿児島市内地図

山資紀ら政界の有力者が次々に視察に訪れた。このうち総理大臣や内大臣を務めた松方正義は、明治四二年三月二八日に訪れた。その時の様子が『松方侯爵滞鹿日記《まつかたこうしゃくたいかにっき》』に記録されている。

松方はこの日鶴嶺女学校を訪れ、島津治子校長に三〇〇円を寄付した。当時の小学校教員の初任給は一〇円から一三円だったことから、この学校に対する松方の期待が大きかったことがわかる。松方は後年、内大臣を務めるなど皇室とは深いつながりがあり、この時期、東宮女官長候補として治子を視野に入れていた、と推察する。

大正末期には、皇太子妃となることが決まっていた良子《ながこ》女王（香淳皇后）もここを訪れた。

鹿児島市清水町には、鶴嶺高等女学校跡の石碑と良子女王の御訪問記念碑が建立されている。

大正九年、鶴嶺女学校は四年制の高等女学校に昇格した。

鶴嶺高等女学校は昭和一一年までに累計で八、一五八人の卒業生を出している。このうちピークは大正一二年で、この年は五一五人が卒業している。

治子はこの年に宮内省御用掛に任命され上京する。

鶴嶺高等女学校跡石碑

良子女王御訪問記念碑

　その後、鶴嶺高等女学校は鹿児島市立高等女学校を経て、現在は鹿児島市立玉龍高校がその流れを受け継いでいる。鹿児島玉龍高校の会議室には歴代校長の写真が飾られているが、初代校長として島津治子の顔写真が掲げてある。

　同校には、鶴嶺高等女学校の校舎や生徒たちの卒業写真のほか、治子が東宮女官長に就任した後、鶴嶺高等女学校へ出した毛筆の手紙も残されている。このほか、卒業生名簿や二階建ての木造校舎、寄宿舎の写真も大切に保存されている。

島津治子校長

鶴嶺高等女学校校舎全景

第18回卒業生写真（２列目右から６番目が島津治子）

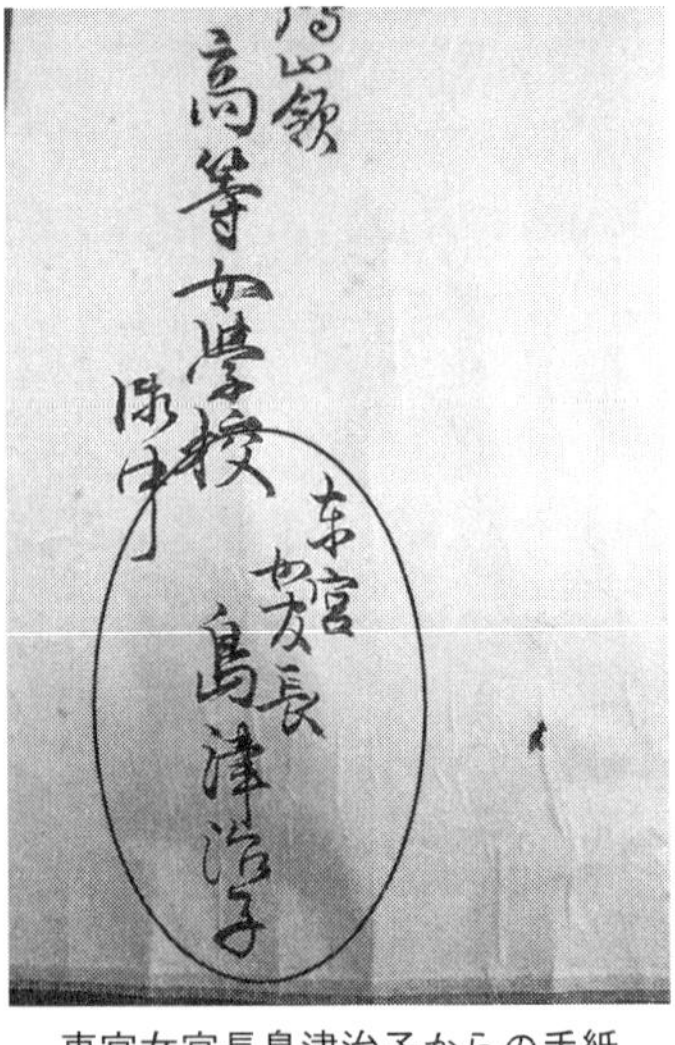

東宮女官長島津治子からの手紙

新田神社への参拝

大正三（一九一四）年一〇月三〇日、島津治子は女学校の生徒を連れ、薩摩川内市の新田神社を参拝した。その時の記帳簿が同市の「まごころ文学館」に展示してある。記帳簿には自筆で、生徒職員代表として「校長島津治子」と記されている。

新田神社は薩摩国の「一之宮」として、天照大御神《あまてらすおおみかみ》の孫にあたる瓊瓊杵尊《ににぎのみこと》を祀っている神社で、天皇家とゆかりがある。島津はこの時期から天皇家を崇拝していたことがわかる。

そもそも鹿児島と宮崎の県境に位置する霧島高千穂峰は「天孫降臨の地」といわれている。『古事記』によると、天照大御神の命令を受けて、孫の瓊瓊杵尊が三種の神器を手に、高天原《たかまがはら》から地上に降り立った。その地が霧島高千穂峰で、ここから日本の建国神話と歴史が始まったと伝えられている。

笠狭宮跡（南さつま市）

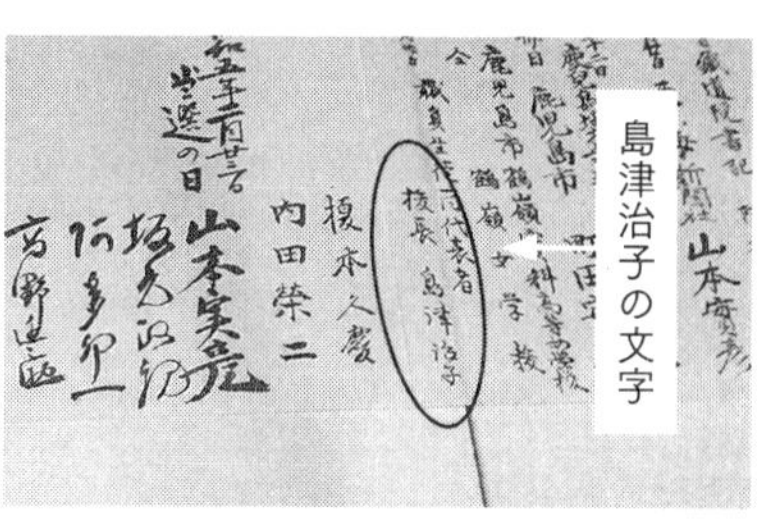

記帳簿に書かれた自筆文字

瓊瓊杵尊《ににぎのみこと》は高千穂峰から加世田（南さつま市）に移動し、笠狭宮《かささのみや》を建立した。現在、南さつま市には笠狭宮跡があり、日本発祥の地として石碑が建立されている。また近くには御在所という地名もある。

この後、瓊瓊杵尊は笠狭宮から海路で川内に渡った。薩摩川内市の可愛山陵《えのさんりょう》は瓊瓊杵尊の陵墓で、宮内庁が管理。これに隣接する新田神社には、昭和天皇をはじめ皇族が参拝している。

平成一六（二〇〇四）年一〇月二九日には、伊勢神宮の祭主として皇族の池田厚子氏も参拝した。伊勢神宮は皇室の氏神である天照大御神《あまてらすおおみかみ》を祀る神社で、歴史的に皇室とのつながりが深い。

鶴嶺女学校の校訓にある「日本建国の精神」と島津の新田神社参拝はつながりがある、と推察する。

四、宮内省による行動監視

島津治子不敬事件に戻る。

宮内省が島津の動きを監視し始めたのは、昭和一一（一九三六）年六月下旬からである。

同年六月二九日の『木戸幸一日記』には、「午前一〇時半、廣幡《ひろはた》侯来室、島津治子の行動につき注意を要する点あり、打合す」と書かれている。（傍線は筆者）
廣幡侯とは広幡忠隆侯爵のことで当時、皇后宮大夫《こうごうぐうだいぶ》で侍従次長も務めていた。ちなみに大夫とは官位の呼称である。

この日以降、逮捕までの約二カ月間、木戸の日記には「島津治子」の文字が何度も登場する。島津の周囲に警察の手が少しずつ近づき、宮内省も警視庁と綿密な協議を重ねていたことがわかる。

同年七月七日、女子会館の開館式と第一四代将軍徳川家茂の御台所であった皇女和宮の銅像除幕式が行われた。式典には文部省の社会教育局長や東京府の学務課長ら多くの要人が出席し、島津は大日本連合婦人会の理事長として出席した。そして五〇日後の同年八月二六日に、島津は逮捕された。

『木戸幸一日記』には同年七月一日以降、一二月三一日までに「島津治子の件で打合す」などの文字が、延べ一五日にわたって記載されている。

一部を抜粋して原文のまま転載する。（傍線は筆者による）

【逮捕二カ月前】

七月一日（水）晴

午前九時半出勤。松本別当《べっとう》と共に本原氏に面会す。

午後一時、大臣室に大臣、次官、廣幡大夫《だいぶ》、岩波・大金両氏及余参集、島津治子氏の行動並に小原龍海の処分につき協議す。

【逮捕前日】

八月二七日（木）晴

午前八時四四分発にて上京、出勤。

本多・高橋両君と華族制度改正案につき審議す。

廣幡君より電話にて、島津治子勾引につき、諸種の運動を警戒方話あり。午前一一時、宇川別当を招き、同上の件につき打合せ、依頼す。

八月二九日（土）晴

午前八時四四分発にて上京、出勤。

本多・高橋両君と華族制度改正案につき審議す。

島津治子不敬事件にて検挙云々の記事新聞に出づ。

五、新聞各社の報道合戦

昭和一一（一九三六）年八月二九日、東京朝日新聞や大阪毎日新聞は島津治子らの逮捕を大きく報道した。

東京朝日新聞は社会面一〇段、大阪毎日新聞は七段を使い、「警視庁邪教にメス　島津元女官長を検挙」（東京朝日新聞）、「奇怪・名流夫人たちが狂信の果、放つ妖言《ようげん》　島津治子女史ら引致《いんち》さる」（大阪毎日新聞）という見出しで報じ、逮捕容疑や島津の人物像などについて詳しく報道した。

記事には不敬の具体的な内容をはじめ、島津が元女官長であったことから警視総監が宮内省に了解を得たうえで逮捕に至ったことなど、逮捕までの経緯も書かれている。

政府や宮内省は事件の取り扱いに細心の注意をしていたが、各社はこの後も続報を伝えた。以後、新聞社の続報合戦が続いた。

八月三〇日の大阪毎日新聞は、「島津邸を家宅捜索　係官も唖然！怪行動の数々　帝都の神霊事件に当局強硬」という見出しで報道。取り調べの状況については次のように報道して

東京朝日新聞（昭和11年８月29日）

大阪朝日新聞（昭和11年８月29日）

いる。（傍線は筆者）

取調べの進むに従い彼女たちの没常識的な振舞いは徐々に、白日下にあばかれ数々の怪奇な行動に係官は唖然としている。これら狂信女群の『神がかり状態』における言動はほとんどが精神異常者に等しきものであるが、当局は断固として精神鑑定を認めず強硬な方針をとっている。その理由として、元来狂信者は『神がかり』の状態にある間はその精神作用によって自分の言動はほとんど意識しないものとされているが、彼女らの場合は別で、霊媒を使って『霊感なりし』と勝手にしゃべらせ、その間の事情を十分認識しているのみならず、同人らは自分の言動が検察当局の忌諱《きき》に触れることを自覚して、決して一般大衆に働きかけることをせず、一種の秘密会合といえる非常に厳選した『法座グループ』のメンバー間で行われ、特に島津女史の如きは社交界の花形として大日本連合婦人会理事長をはじめ多数の団体に関係し立派に勤めている点があげられている。

八月三〇日の東京朝日新聞は、島津の留置場での様子について「留置場の島津女史　係官を悩ます」という見出しで報道。

この記事では「島津治子は冷たい留置場生活にも動ぜず和服のまま端然と正座し祝詞のごとき難解な言葉で陳述に答え係官を悩ませている。不敬言説にも涙を両眼に浮かべながら真摯に語り、自分は国家を愛する余り、神の霊感によって自分は正しいことをやっている。霊感を精神の朦朧状態と他の人達は思うかもしれないが、自分は霊感の際もはっきりした意識の中にある」と報道している。

さらに「島津治子は時折、伊勢神宮に参拝しており、本年五月に参拝した結果、霊統を自覚した」と伝えている。

一方、「宮内省静観」という小見出しの記事では、女官長在任時の宮内次官、関屋貞三郎氏の談話を報道。関屋氏は、「島津さんのことは今朝新聞で初めて知って全く驚いている。あんな教養があり鷹揚《おうよう》な島津さんが、あんな変なものに関係なさるなんて想像も出来なかった。女官長をお辞めになった後は社会的に活動されていたのに一体どうしたわけでしょう。そんな噂は全然聞かず、いづれにしても困ったことです」と述べている。

そして島津は逮捕から二九日後に、「精神鑑定必要なし」という警察の判断から一転、精神病院に収容された。この司法判断については警察と宮内省との間で水面下の交渉があった、と推察される。

その根拠となる記事が同年八月二九日の大阪朝日新聞に、石田警視総監の談話として掲載

されている。（傍線は筆者）

「この事件は島津元女官長も関係しているので特に慎重に取扱い上田特高部長から宮内省やその他へも了解を求めさせ、私も上田部長らと慎重に打合せの上、検挙したものである」

九月二五日の大阪朝日新聞は、島津治子を診断した金子医師（当時の精神科医の権威）の談話を掲載。

この中で金子医師は島津の病状を「かなり進行している」とするも、後天的な「感応性精神病」であるとして次のように述べている。

「私の診断を拒んだほどで、症状はかなり進行している。島津女史は感応性精神病で後天的なものである。うち続く家庭の不幸から精神的な衝動を受け、宗教的な精神病者と接近するに及んで、知らず知らずのうちに神霊を狂信するに至り、異常を来したものと推定される」

一方、島津は取り調べで次のように語っている。

「私は昭和二（一九二七）年夫を失い、女官長を辞職しました。その後、二女素子が亡くなり悲観の末、心の迷いを解くべく悟りの道として禅を求め、麻布の賢崇寺に参禅し、飯田権陰師に師事しました。師は『霊験でなくては駄目だ』と訓戒されたので文献などは読みませんでした。こうして三年間、真剣に悟りの道を求めました。そして遂に一種の満たされたものを感じ、それは因縁によるものだと考えました」

この談話は「島津の入信の原点」を示している。

島津はこの後、三重県出身の霊媒師角田ツネに接近し、邪教信仰を深めていった。

この日の記事には「精神病者」として東京の松澤病院へ入院する時の写真も掲載されている。精神病者として認定されることで起訴は免れたものの、当時の新聞は人権への配慮の視点はなく、顔写真付きで報道している。（一三頁の写真参照）

報道合戦が続いた島津治子の逮捕について、逮捕時の大阪毎日新聞の記事を全文紹介する。

奇怪・名流婦人たちが狂信の果、放つ妖言

島津治子女史ら引致さる　『神様のお告げ』『祈りの會』

邪教退治《じゃきょうたいじ》に乗り出した警視庁特高第二課では摘発以来百余名に上る多数の狂信者を

召喚《しょうかん》したが、取調べの進むにつれ意外にも上流家庭の婦人間に怪事実が潜在していることが判明した。警視庁は極度に緊張し、東京地方検事局その他と協議の結果、この際、断乎《だんこ》これを一掃する方針を決めた。保阪警部は急遽三重県下亀山町に出張「神霊行者」として不可解な行動をなしていた角田ツネ（四一）を検挙、身柄を警視庁に護送するとともに、追及したところ同人の自供により事件の全貌がほぼ明らかとなった。

当局は固く箝口令《かんこうれい》を布いて極秘裏に検挙を急ぎ二七日、東京麻布区笄《かんざし》町一三四、元代議士高橋保氏夫人むつ子（四五）、目黒区下目黒四－九一八男爵《だんしゃく》島津忠丸《しまづただまる》氏母堂、正五位勲四等島津治子女史（五九）、および渋谷区千駄ケ谷五－九〇九富山英氏長女鈴子（一九）―仮名―を召喚した。

各署に分割留置し事件の解明に努めているが警視庁では取調べの終了とともに婦人らを送致する方針である。

帝都の邪教狩り

奇怪・名流婦人たちが
狂信の果、放つ妖言
島津治子女史ら引致さる
『神様のお告げ』『祈りの會』

『法座』の神がかり──
取調べに對し何れも事實を認む

惡神が憑つたか
きよめ會長 嘉悦少將談

富山鈴子

角田つねは
獨身主義

島津治子女史

大阪毎日新聞（昭和11年８月29日）

『法座』の神がかり——取調べに対し何れも事実を認める

今回の怪事件は昭和七年春から芽生え今日に至ったものである、今度の中心人物である高橋元代議士夫人むつ子は十余年前クリスチャンとしての影響を受けて神道の研究に入り、神がかりの状態になり自宅八畳の間に祭壇を設け「法座」と称して上流家庭の婦人三余名を集めて神がかりによる精霊、邪霊を霊媒による「神様の御告げ」と称して世を惑はす言動をしていたが、これに共鳴したのが島津治子女史、角田ツネ、富山鈴子などであった。

角田ツネは郷里三重県亀山町で産婆を営んでいるうちに、きよめ会長の陸軍少将、嘉悦敏《かえつさとし》氏（東京渋谷区千駄ケ谷五－八八）の講演を聞いて動かされ上京し、角田氏宅に同居していた高橋夫人の「法座」の話を聞いてこれに参加、富山鈴子は父の病気を治すため昨年三月から参加した。最近では毎日二、三回、高橋家または島津家に集まり怪しき祈りの会を開いていたもので、いづれも「神託なり」と称し事実無根のことを放言し、その間奇怪な言動があり今度の大検挙となった。

島津女史をはじめ彼女らは取調べの係官に対し、堂々と事実を認めているが、事件が事件だけに彼女らの精神状態も留意しているが、精神異常者としての形跡は認められないので警視庁は断固処置する方針である。

なお、これらの婦人達は角田の同居先の嘉悦敏《かえつさとし》が主宰する修養団体「きよめ会」に加盟し、会員を神前に坐らせて「みそぎ」と称する行を施し、両手を組み神霊に対し正座して精神統一を行い、「神の御告げである」としていろいろなことを会員に告げていたものである。

「きよめ会」の会長の陸軍予備少将、嘉悦敏は島津らの言動を擁護し、次のように語っている。

警視庁は事の真相が判らぬためこのようなことになったと思われる。

島津、角田、高橋、富山さん達は立派な人達ばかりである、あの人達のやっていることも私の「きよめ会」のやっていることも、精神修養の会です。精神修養をすると人間が無我になる。人間が無我になると自分の守り神が現れ自分を指図する。人間は五欲煩悩《ごよくぼんのう》のため神から叱られる。

精神を統一するとこれがわかり神も仏も見えて来るのである。いわゆる「神憑り《かみがかり》」である、この「神憑り」によって善神悪神《ぜんしんあくかみ》が現はれて来る。

島津さん達がどういう理由で警視庁に召喚されたかわからないが、悪神が「神憑り」

新聞各社が伝えた事件記事

島津女史邸を家宅捜索
係官も唖然！怪行動の数々
帝都の神靈事件に當局强硬

二科入選發表

大阪毎日新聞（昭和11年８月30日）

元女官長島津女史
不敬容疑で留置さる
"神がかり"で奇怪な放言
中心人物三名も檢擧

"神の靈統"女性群
靈の交感に結ばれた一團
政治論から不敬な言辭

靜かな島津女史邸

大阪朝日新聞（昭和11年８月29日）

留置場の島津女史
係官を惱ます
なほ三十名を召喚

檢事局協議

宮內省靜

東京朝日新聞（昭和11年８月30日）

釋放され松澤へ
「あゝ龍神樣が現はれる……」
幻さめぬ島津女史

闇ゆく路も

大阪朝日新聞（昭和11年９月25日）

となって現はれて、世相を悪くいう場合などありますから、そういうことが誤解されたのではないでしょうか。

陸軍予備少将の嘉悦敏《かえつさとし》は当時、七三歳。熊本県出身の霊界研究家だった。島津と嘉悦の接点を探る資料は見当たらないが、嘉悦は熊本の細川家とつながる名家の出身だった。熊本県水俣市にある徳富蘇峰《とくとみそほう》記念館には、嘉悦が徳富蘇峰に出した手紙が保存してある。

六、緊迫する宮内省

島津治子の逮捕で緊迫した宮内省の様子が『木戸幸一日記』に書かれている。島津の逮捕後の記録である。当時の宮内省は図表に示した組織で、木戸は、当時内大臣府（現在の宮内庁）の秘書官長だった。昭和一一年九月から一二月までの日記から抜粋して紹介する。（傍線と（　）内は筆者による）

九月一日（火）晴
一一時、渡辺別当来庁、島津事件につき、打合す。
九月五日（土）晴
牧野伸通氏（牧野伸顕《まきののぶあき》の長男）来庁、牧野伸顕伯爵の伝言を伝える。
一〇時半牧野伸顕伯爵を訪問、島津の件につき懇談する。
九月七日（月）晴
三時、後藤隆之助氏（近衛文麿のブレーン）来庁、島津治子の件につき懇談する。
九月一二日（土）晴
一〇時、内藤警察部長来室、島津治子の件について、その後の状況の話あり。この件は神政龍神会の矢野祐太郎《やのゆうたろう》、天津教《あまつきょう》にも関係ある模様なり。
島津は矢野とは五、六回も面会している。島津は将来自分が再び女官長となり、山本英輔《やまもとえいすけ》大

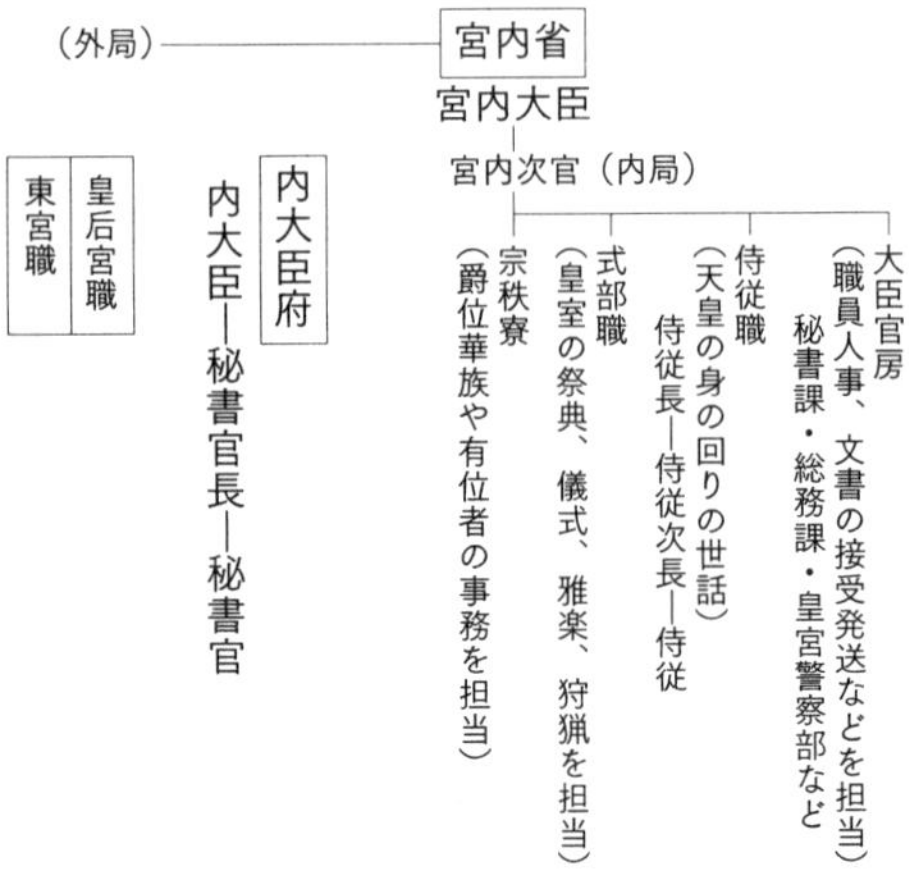

将（鹿児島出身で海軍大将）が侍従長となる等と述べている、と云う。
天津教（教祖は竹内巨麿《たけうちきよまろ》）の所謂《いわゆる》、神宝は秦真次《はたしんじ》中将（陸軍の軍人で神職）により遊就館《ゆうしゅうかん》（靖国神社に隣接した展示館）の松田常太館長にその保管を托した、と云う。

九月一四日（月）

神政龍神会に関する件

神政龍神会は、昭和九年頃より、予備海軍大佐の矢野祐太郎らが、兵庫県川辺郡中谷村宇肝川《きもかわ》の俗祠「八大竜神」にまつわる古伝説及び近郷の山霊に対する信仰等を基本として、大本教《おおもときょう》並に天津教《あまつきょう》等の教義を附会《ふかい》して、自ら教団を樹てた類似宗教で、東京市目黒区清水町四七一番地に同会本部並に東京神殿を、更に前述の肝川部落に肝川神殿を有し、信徒の拡大を図りつつある。本年三月二三日、神政龍神会の矢野祐太郎及び加世田哲彦（鹿児島出身の海軍中将）を検挙した。記録簿上下一八八冊のほかビール箱一六個に詰めた多数の刊行物を発見し押収した。

九月一五日（火）晴

廣幡《ひろはた》大夫と島津治子の件につき打合す。

一一時半、内藤部長来室。小原（腹話術を使い皇室に接近した詐欺師）の件、島津の件、その後の状況について情報を聴く。

九月一八日（金）晴

一〇時半、石田警視総監、上田特高部長に白根次官、廣幡大夫、内藤部長、大金益次郎事務官と面会、島津治子のその後の経過を聴き、今後の措置につき意見を交換する。

九月一九日（土）曇

午前九時、陸相官邸に寺内大臣を訪ねた。小原龍海（前述した詐欺師）の処置につき懇談する。

九月二二日（火）晴

一〇時出勤。大臣室に次官、廣幡大夫と共に参集し、島津治子の件につき打合する。

午前九時半出勤。

廣幡・松平両侯を其室に訪ふ。

昭和一一年（日付不明）

島津治子は、光行次郎検事総長の意見により、警視庁で精神鑑定をおこない、病院に監置することとなった。二五日に実行する筈である。

一〇月二日（金）雨

午前一〇時出勤。

一時半、内藤部長来室、小原の始末、島津の件につき打合する。
四時半、原田邸を訪問、五時帰宅する。
一一月一二日（木）晴
四時半、大宮御所（貞明皇后）に伺候、拝謁した。秩父宮別当今村中将を起用の旨を言上したが、貞明皇后からの御尋ねにより、島津治子の件、小原唯雄の件等の経緯の概要を言上した。
一二月二八日（月）晴
一〇時半、廣幡大夫が来室した。島津の件につき相談する。

以上の一連の打ち合わせには警視総監、特高部長、検事総長をはじめ牧野伸顕《まきののぶあき》（大久保利通の次男）なども参加しており、極めて慎重に取り扱いを協議していたことがわかる。打ち合わせは、年末の一二月二八日も行われるほど、緊迫していたことがうかがえる。

ところで、当時島津治子の自宅は目黒区下目黒四‐九一八で、神聖龍神会の東京神殿は目黒区清水町四七一だった。島津の自宅から東京神殿までは徒歩一五分程度であり、島津が神聖龍神会の東京神殿に容易に往来できる距離だった。

七、島津治子の聴取書

『木戸幸一日記』の昭和一一年の末尾には「島津治子聴取書」が記録されている。これは警視総監から木戸への報告をまとめたもので島津の供述書でもある。

聴取書には「天皇陛下の前世云々」や「高松宮殿下の擁立」など、島津の多くの不敬発言について具体的に書かれている。さらに彼女の交流メンバーとして、鹿児島出身の山本英輔元海軍大将の名前も登場している。

島津の供述は海軍や鹿児島の関係者を驚愕させた。同じ鹿児島出身で海軍幹部の加世田哲彦が、同時期に不敬罪で逮捕・起訴された神政龍神会事件は後述するが、一連の事件には鹿児島県出身者が共通して関与していた。

『木戸幸一日記』から「島津治子聴取書」を抜粋し紹介する。聴取書の冒頭は「月日不明」と書かれているが、逮捕された昭和一一年八月二九日から数日後と思われる。

「島津治子聴取書」の原文と対比して現代訳を併記する。原文には不可解な箇所が散見されるため、字義通りに解釈した。字義解釈は真実と異なる文章もある。字義解釈の（　）内は筆者が加筆した。

高橋ムツと知るの経路―昭和七年春頃、明治天皇御真筆の鑑定に、霊感によらんとし、知人の紹介にて訪ぬ。

【字義解釈】高橋ムツを知った経緯について―昭和七年の春頃、明治天皇の直筆かどうかを霊感で鑑定するため、知人の紹介で訪ねた。

神の御告により、特別法座とす。山内源作、高橋、島津、霊媒二－三名（横山、横井、高橋弟妻）

【字義解釈】神様のお告げにより、宗教の教義や経典を話す会合を開催した。会合には山内源作（㊟鹿児島出身）、高橋ムツ、島津治子、霊媒者二、三名（㊟横山、横井、高橋ムツの弟の妻）が参加した。

昭和九年九月頃、高橋に神託あり。高橋法座を閉づ。島津にも行くなとの御告あり、佐野學の家族のみは行きてもよしとの御告なり。

【字義解釈】昭和九年九月頃、高橋ムツに神様のお告げがあり、会合を閉鎖する。島津治子にもこの会合に出席するなというお告げがあった。佐野学の家族は高橋宅を訪問してもよいというお告げがあった。

この時期、高橋は警察の動きを察知していたのかもしれない。逮捕の二年前である。

二・二六事件後、高橋方にて再開す。三月四日に、高橋より電話あり——事件の根本原理は秩父宮擁立運動なり云々、眞崎大将の生霊出づ云々。

竹中とく、石本恵津子（南拝山〔祥〕の娘）何れも角田〔ツネ〕の紹介。

富田倭文子、昭和一〇年四、五月頃角田より承りしも未だ逢はず。

本年一月宮家に仕へる様になり、角田、母と同道来訪す。之が最初にして最后なり。

角田ツネ、昭和七年暮か八年一月頃紹介なく突然来訪。

【字義解釈】二・二六事件の後、高橋ムツ宅で会合を再開した。三月四日に高橋ムツより電話があり、二・二六事件の原因は秩父宮擁立運動であるとか、その首謀者は真崎甚三郎大将である、など話した。

竹中とく、石本恵津子は何れも角田ツネが紹介した。

富田倭文子のことは昭和一〇年四、五月頃、角田ツネから聞いていたが、未だ会ったことはない。

今年一月から富田は宮家に仕えるようになり（㊟事実と異なる）、角田ツネと母と一緒に訪問した。角田ツネは昭和七年の年末か翌八年の一月頃に紹介なく突然訪ねてきた。この訪問が最初で最後である。

島津の霊位は天御中主大神《あめのみなかぬしおおかみ》、天照大御神《あまてらすおおみかみ》、大山杭尊なり。島津方の法座、昭和一〇年三、四月頃より信仰、霊感の話を聞きに来る者を生ず。

出入する人

山本英輔、志岐〔守治〕中将、同夫人〔久子〕、藤堂良譲夫人、川添ハナ、豊永〔省三〕浦高女校長夫人、角田ツネ、竹中トク、大妻コタカ、岡夫人、福崎りよ、菊地又祐、林ツル、新納将代。右の中、山本、志岐夫人、豊永夫人、角田、竹中以外は殆ど問題とならず。

【字義解釈】島津治子の霊位は「日本書紀」ほか神話に登場する天御中主大神《あめのみなかぬしおおかみ》、天照大御神《あまてらすおおみかみ》、大山杭尊（大山津見神《おおやまつみかみ》又は大山咋神《おおやまくいのかみ》の誤記か）である。

島津宅での会合は昭和一〇年三、四月頃から信仰や霊感の話を聞きに来る人がいた。

これらの人の名前は山本英輔（鹿児島出身で海軍大将を歴任）、志岐守治（鹿児島出身で陸軍中将を歴任）、志岐守治夫人の久子、藤堂良譲（昭和初期の経済人）夫人の恭、川添ハナ、豊永省三（埼玉県浦和高等女学校校長）の夫人、角田ツネ、竹中トク、大妻コタカ、岡夫人、福崎りよ、菊地又祐、林ツル、新納将代である。このうち、山本英輔、志岐夫人、豊永夫人、角田ツネ、竹中トク以外は殆ど問題とならず。（鹿児島出身で軍人として有名だった山本英輔、志岐守治ら五人は島津事件の重要参考人として事情聴取されたものと思われる）

この一年後に陸軍の青年将校が決起する二・二六事件が起きた。

山本英輔は海軍出身であったが、二・二六事件の首謀者と疑われた陸軍の真崎甚三郎と親密な関係だった。また二・二六事件での逮捕者のなかに北一輝、西田税《にしだみつぎ》がいたが、島津はこれらの右翼思想の人物と交流があった。この事実は右翼思想家の安岡正篤《やすおかまさひろ》が証言している。右翼思想家で政界の黒幕と呼ばれていた安岡正篤《やすおかまさひろ》の著書『知命と立命』には、島津と右翼思想家との関係が具体的に紹介されている。

二・二六事件と島津治子事件は天皇中心主義という思想基盤は共通していたが、松本清張や他の歴史研究家はそれぞれ別個の事件として分析している。しかしこの二つの事件は水面下でつながっていたと推察する。このつながりには鹿児島出身であるという共通の因子が介在していた。

「島津治子聴取書」に戻る。

私達の信仰と云ふ言葉は、表と裏があるので御座います。表の場合は、兎に角神様を拝めば其の守護があって救はれると云ふ立て前であり、裏の方面には、信仰とは国体を明徴《めいちょう》にし、維神の道を樹立する為めに働いて呉れと云ふ意図を含むのであります。

普通の人には、表を説き、段々信用の置ける大丈夫の人には、裏を云ふのでありま す。それから先きひもろぎ等のことは、意識の極めて高い人でなければ話せないことで、滅多にあるものではありません。

【字義解釈】私達の信仰は表と裏があります。表の場合は、神様を拝めばその守護があり救われます。裏は国体明徴運動《こくたいめいちょううんどう》を勧め、天皇中心の維神の道を樹立するために働いてほしいというものです。一般の人には表を布教し、信用のおける人には裏を布教するのです。神霊《ひもろぎ》のことは意識の高い人でなければ話せないものです。

傍線の部分は二・二六事件で決起した陸軍皇道派の思想と一致する。

陸軍皇道派は秩父宮擁立に動いたが、島津らは高松宮擁立を画策していた。いずれにしろ島津は昭和天皇とは距離を置いていた。この背景には貞明皇后（大正天皇の皇后）と昭和天皇との間でさまざまな確執があった、と推察する。

難波大助の死霊—嫁許《いいなずけ》（原文のまま）の処女を奪ふ云々。

【字義解釈】難波大助の死霊が、難波の許嫁（婚約者）の処女を奪った。

難波大助は大正一二年一二月二七日、東京港区虎ノ門で皇太子裕仁親王（後の昭和天皇）を狙撃するが失敗して逮捕され、翌年一一月一五日に死刑に処された。虎ノ門事件と呼ばれている。この時、牧野伸顕も宮内大臣として別の車に乗車しており事件に遭遇した。

東京朝日新聞はこの事件を翌一二月二八日の夕刊で速報した。

記事の内容は宮内省が同日午後一時に発表したもので、警察発表ではなかった。しかも、難波はその後の記事には登場していない。

なぜ難波大助が摂政宮（のちの昭和天皇）を狙撃したのか、その動機についても報道されていない。『木戸幸一日記』に書かれた文字だけでは意味不明である。

木戸は詳細を削除した、と推察する。

一方、昭和四七年に発行された『荷風全集』によると、作家、永井荷風は新聞各社が難波

の処刑（死刑）を報じたことを書いている。（第一九巻三四四頁。大正一三年一一月一六日）

このなかで、「難波大助は社会主義者にあらず、××××××××××××××××××無念に思い復讐を思立《おもいた》ちしなりという」とあり、×の三一文字は出版社の岩波書店が削除した。当時昭和天皇がまだ存命中だったためであろう。しかし岩波書店は平成五（一九九三）年発行の『荷風全集』では×の部分を公開している。

×の部分は「摂政宮演習の時、某所の旅館にて大助の許嫁の女を枕席に侍らせたるを」としている。驚愕の内容である。

事件当時、この噂は全国に流布していた。「某所の旅館」とは愛媛県松山市の萬翠荘《ばんすいそう》といわれている。萬翠荘は現在も当時の姿で残され、昭和六〇（一九八五）年、愛媛県の有形文化財に指定された。

「文芸春秋」の昭和四二（一九六七）年六月号では、日中友好学院院長の大塚有章が「難波大助の家族たち」という論評を書いている。

そのなかで大塚は、大阪にいる友人からの手紙で「難波君は恋人が強制的に宮

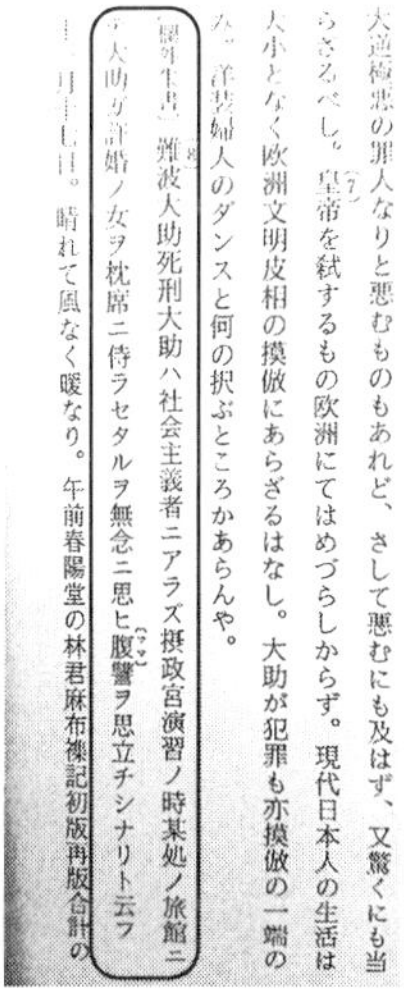
大逆極悪の罪人なりと悪むものもあれど、さして悪むにも及はず、又驚くにも当らざるべし。皇帝を弑するもの[7]欧洲にてはめづらしからず。現代日本人の生活は大小となく欧洲文明皮相の摸倣にあらざるはなし。大助が犯罪も亦摸倣の一端のみ。洋装婦人のダンスと何の択ぶところかあらんや。
[illegible][8]難波大助死刑大助ハ社会主義者ニアラズ摂政宮演習ノ時某処ノ旅館ニ[illegible]大助ガ許婚ノ女ヲ枕席ニ侍ラセタルヲ無念ニ思ヒ腹讐（ママ）ヲ思立チシナリト云フ
[illegible]月十七日。晴れて風なく暖なり。午前春陽堂の林君麻布襍記初版再版合計の

『荷風全集』岩波書店
平成５年発行

女に召し上げられたのを怨んで今度の挙に出た」という手紙を受け取っている。(「文芸春秋」昭和四二年六月号三〇〇頁)

また作家の大岡昇平も同様のことを書いている。

「難波大助が摂政宮を狙撃した理由は、新聞で十分説明がなかったので、地方巡行の時、難波の許嫁を犯した怨みだというわさが立った」(『大岡昇平全集一一』五三七頁)

これらの記述は、真実とすべき根拠がないが、噂として存在していたのは事実のようだ。

虎ノ門事件は、島津治子が東宮女官長に任命されて三週間後に発生した。

島津もこの噂を聞いていたに違いなく、『木戸幸一日記』の島津聴取書には概略だけ絞って記述された、と推察する。

永井荷風と大岡昇平は「噂を活字化」し書籍に残している。

しかし真実は異なっていた。それを証明する論文が昭和三(一九二八)年一〇月三一日に発行された『その頃を語る』(朝日新聞政治部編)に記されている。

これを書いたのは難波大助の裁判を担当した大審院長(現在の最高裁判所長官)の横田秀雄で、公判廷での記録として書いている。

公判の最後に「この際、何か言うことはないか」と尋ねられた難波は次のように答えている。

「自分は不遇な現在の無産階級者を救おうという考えから、軽率にも皇太子殿下に危害を加えたことは誤りだった。しかもそのために親兄弟にまで迷惑をかけたことは自分の考えが足らなかったためである。天下すべての人に対して深くお詫びする」（『その頃を語る』四三七頁）

摂政宮（昭和天皇）を狙撃した難波の動機として、これが唯一の証言として残されている。永井荷風と大岡昇平が活字化した噂は事実と異なる。

各社は、この事件に伴う政治責任と政局の動向を連日、報道した。

当時の山本権兵衛内閣には外務大臣に伊集院彦吉（妻が大久保利通の長女）、鉄道大臣に山之内一次、海軍大臣に財部彪など鹿児島出身者三人、内閣書記官長も鹿児島出身の樺山資英だった。

東京朝日新聞は事件から二日後の一二月二九日、「首相辞意固し、薩派側の観測」という見出しで報道した。この事件は薩派の政治力低下の要因となり、結局、山本内閣は総辞職した。

島津は大正一二（一九二三）年一二月、東宮女官長に昇進。翌年一月二六日、摂政宮（のちの昭和天皇）と良子女王は結婚した。

首相辭意堅し

薩派側の觀測

山本首相に對し二十九日御優諚降下あるものとは一般に豫想されて居る所であるが果して山本首相が御受けするか否かに就て薩派側では首相は辭表を捧呈した際に於て明白に首相の決意を言上して居る、此點からすれば優諚の降下さへ信じ難い程で假令優諚降下あつたと假定しても首相の心持は辭表捧呈當時と何等變化する模樣がない殊に山本伯の性格を觀るに伯が十年雌伏したるは何等名聞を求むるの野心がなかつたからである又今回の事變に坐して例令山本伯の政治的生命が終焉を告ぐるとしても伯としては何等悩む所はあるまい右の如き伯の心事であるから若し優諚降下ありとするも伯は謹んで御辭退申上げるだらうとの觀測を下して居る

東京朝日新聞（大正12年12月29日）

島津は東宮女官長に就任早々、摂政宮狙撃事件、頼りにしていた薩派の山本内閣の総辞職、摂政宮の結婚など重大案件に遭遇したことになる。島津にとってこの時期は心労が重なる日々だった、と推察する。

余談だが、虎ノ門事件で皇太子の車を運転していたのは鹿児島出身の運転手だったが、皇太子の車列を乱したことに悩み、強度の神経衰弱になり三年後に死亡した。（『宮廷』二五五頁参照）

「島津治子聴取書」に戻る。

高松宮の生霊　宮様の御生母である大正天皇様の女官の死霊。山内源作、小森雄介等より聞く云々。

【字義解釈】高松宮の生霊が（出てきて）、自分の生母は大正天皇の女官（の死霊）である（と言った）。このことは山内源作や小森雄介（鹿児島出身）から聞いた。

意味不明の文章である。高松宮の生母は節子皇后（貞明皇后）であるが、生母を大正天皇の女官としている。山内源作と小森雄介は共に鹿児島出身の右翼思想家であった。小森の娘は鹿児島で婦人会運動を推進した山路澄子である。

立太子当時の侍従、切腹して死せし者の死霊―秩父宮の正統を主張して敗る云々。

【字義解釈】昭和天皇が皇太子だった時の侍従で切腹した者の死霊は、秩父宮が正しい血統であると主張したが敗れた。

昭和天皇は大正五年一一月三日、一五歳で立太子《りったいし》（次期天皇）に就任した。

大正天皇の侍従の死霊―皇后の御相手―八郎氏。

関屋次官の談、九條家より質ねらる云々。

【字義解釈】大正天皇の侍従の死霊は、貞明皇后のお相手をしているのは西園寺八郎氏である。

宮内省の関谷貞三郎次官の話によると、貞明皇后の出身家の九条家から本件を質問さ

れた、とのこと。（西園寺八郎は西園寺公望の婿養子だった）

松方さんの養女の生霊―生きた証拠云々の御直筆、死す壇の浦にて。

松方正義の死霊―公卿《くぎょう》女と自分との間に出来し娘云々。

【字義解釈】松方正義の養女の生霊については、生きた証拠の直筆である。養女は壇ノ浦で亡くなった。

松方正義の死霊は、公卿女（高級女官の意味か）と松方との間にできた娘である。

私達の仕事を要約すれば、天皇陛下は前世に御因縁あり、国体明徴維神の道は立て得させられず、早晩御崩御は免れず。

【字義解釈】私たちのしごとを要約すれば、昭和天皇は前世から定まった運命があり、天皇中心の国家建設ができない。近いうちに崩御する。

地上にひもろぎを立て、維神の道を樹て、国体を明徴にしなければならぬ。岩戸開きとは此のことなり。其の鍵は私が持つ。

【字義解釈】地上にひもろぎ（神様を迎える依《よ》り代《しろ》・写真参照）を作り維神《いしん》（神様の思

召しのまま・維新ではない）による国家を建設しなければならない。天岩戸開《あまのいわと》きはこのことであり、その鍵は私が持っている。

余談だが、鹿児島出身の政治家で岸信介の秘書だった宇田国栄は、「昭和初期、鹿児島出身で警視総監などを務めた池田清は『かみながらの道』の熱心な信者だった」と証言している。（『政界五〇年思出の人々』宇田国栄、丸ノ内出版、三九三頁参照）

池田清は鹿児島一中から東大を経て内務官僚になった。大正一二年内務省神社局総務課長になった後、警視総監に就任している。島津の入信の時期と重なる。

国体明徴維神《めいちょういしん》の道を立つるには、高松宮殿下を擁立しなければならぬ。

【字義解釈】天皇中心の国家建設をするためには高松宮殿

ひもろぎ

下を擁立しなければならない。

あけずの蔵―矢野祐太郎等より聞く。茨城県竹内神社の傍にあり。宮司は竹内巨麿―此蔵の研究も必要なり云々。

【字義解釈】あけずの蔵について矢野裕太郎から聞いた。あけずの蔵は茨城県の竹内神社にあり、宮司は竹内巨麿である。この蔵の研究も必要である。

竹内神社とは茨城県北茨城市皇祖皇太神宮《こうそこうたいじんぐう》天津教《あまつきょう》のことである。

一般に天津教《あまつきょう》と呼称し、教祖の竹内巨麿が三種の神器を所有しているとして不敬罪で逮捕された。陸軍大将の荒木貞夫ら有力軍人や、頭山満ら右翼思想家が信奉していたといわれている。

三種の神器の所有は「自らが天皇である」という証明である。

竹内巨麿は偽物の三種の神器（鏡、剣、玉）を使って信者を集めていた。

松本清張によると、大正から昭和初期にかけて奈良や京都の天

竹内神社（皇祖皇太神宮天津教）

皇陵では立ち入り規制が弱く、古物商らが夜間に無断で天皇陵に入り、古墳から発掘した鏡などを窃盗していたという。(『昭和史発掘』八巻四一四頁)

天津教の影響を受けた人物に、海軍兵学校出身で海軍大学教官の矢野裕太郎(逮捕時五八歳)と鹿児島出身の加世田哲彦(逮捕時四五歳)がいた。加世田は鹿児島二中から海軍兵学校、海軍大学へ進んだエリートだったが、二人とも昭和一一年二月、神政龍神会事件で逮捕された。その六カ月後に島津治子(逮捕時五九歳)も不敬罪で逮捕された。

昭和七年頃、山之内源作の談、宅野田夫より聞いたが、大宮御所に行者が出入する、誠に困った、と云ふことだけ聞いた。

【字義解釈】昭和七年頃に山之内源作(鹿児島出身)が宅野田夫から聞いた話で、大宮御所(貞明皇后の住まい)に隠田《おんでん》の行者(飯野吉三郎)が出入りし、困っている。

八、外務官僚・天羽英二の日記

島津治子の逮捕は、昭和初期の政財界人に大きな衝撃を与えた。

天羽英二は大正元(一九一二)年外交官試験に合格し、外務省に入省した。鹿児島出身で開戦時の外務大臣、東郷茂徳と同期である。

天羽が外務省に在籍していた時代に作成した書類や日記が『天羽英二日記・資料集』として国会図書館憲政資料室に保存されている。実はこの資料集に島津治子逮捕についての記述があり、島津の聴取内容が記録されている。

つまり、内大臣（湯浅倉平・長州出身）、宮内大臣（松平恒雄・会津出身）、侍従長（鈴木貫太郎・大阪出身）、牧野伸顕ら四人の協議により決められた内密事案を天羽も日記に記録していた。

この事実は歴史研究家に見逃されている。

昭和一一年八月三一日の『天羽英二日記』の記述をそのまま紹介する。（傍線は筆者）

島津夫人（谷正之夫人母）逮捕　不敬事件、邪教事件、宮野保安課長に真相を聞く。
天皇陛下は松方老公娘の子、秩父宮が正嫡、二・二六事件は天皇、秩父宮の争い。

これを字義通りに解釈すると、島津治子（谷正之夫人の母親）が逮捕された。不敬事件、邪教事件について宮野保安課長に真相を聞いた。天皇陛下は松方正義公爵の娘の子供である。秩父宮が正嫡《せいちゃく》（本妻から生まれた子供）である。二・二六事件は天皇と秩父宮の争いである。

宮野保安課長とは警保局の宮野省三保安課長のことで、谷正之は外務官僚で、東条内閣で外務大臣を務めた。谷正之夫人とは谷澄子のことで、谷澄子は宮之城島津家の島津治子の娘である。

『天羽英二日記・資料集』に書かれた記録は、『木戸幸一日記』に月日不明として書かれている「島津治子聴取書」の内容と一致する。

一方、『木戸幸一日記』の同日（八月三一日）の記録には警察の聴取内容は書かれていない。

『木戸幸一日記』は宮内省情報をもとに書かれ、『天羽英二日記・資料集』は警察情報をもとに書かれた、と推察する。

宮中で内密にされた事案が政府の首脳部まで届いていなかったことになるが、当時、宮中と政府（府中）は別組織で、宮内大臣は内閣の一員ではなかった。

一方、警察は政府内の内務大臣の管轄下にあった。

九、『天皇の陰謀』に登場

昭和四八（一九七三）年三月、外国人ジャーナリストの、デイヴィッド・バーガミニが書いた『天皇の陰謀』が和訳され刊行された。

デイヴィッド・バーガミニは昭和三年、アメリカ人建築技師の息子として東京で生まれた。その後アメリカに帰国、ダートマス大学とオックスフォード大学で学位取得し、タイム誌やライフ誌の記者として活躍した。

昭和四〇年、再び来日。京都に住み、約一年にわたって皇室や軍部などの資料を収集し先の戦争に関する調査を続けた。

『天皇の陰謀』の前書きには彼が取材した主な内容が書かれている。

それによるとバーガミニは、九三二人の官僚や軍人の記録簿、二〇〇〇頁のノート、約一〇〇冊の日本の雑誌、六〇冊の日本人の日記・回想録を集めた。京都でこれらの整理作業を行っていたバーガミニは同志社大学の大学院生（著書では実名が掲載）の協力を得て収集し整理を進めた。

鶴見俊輔、大宅壮一、猪木正道ら多くの文化人や昭和天皇の侍従にも直接取材した。皇室への取材はダグラス・マッカーサー二世から紹介状をもらい実現した、という。そして二四〇時間に及ぶインタビューテープをもとに執筆した。

作家いいだ・ももが和訳して発刊された『天皇の陰謀』は大きな反響を呼んだ。しかし事実と異なる箇所も散見される。

『天皇の陰謀』は前編と後編に分けて発刊された。この中で島津治子は後編の第三章で登場する。いいだ・ももの和訳を要約して紹介する。（傍線は筆者）

口をきく女神

（前略）

竜海（注1）は東久邇宮《ひがしくにのみや》の紹介で元女官長島津治子の保護を受けていた。島津は昭和八年にアカのスキャンダルと妄問題に関係したかどで皇居を追われていた（注2）。島津夫人は、精神を昂《たか》めさせる祈禱会が好きだった。夫人の親友たちも同じだった。夫人の家柄も申し分ないものだった。島津夫人は皇后良子の母といとこであり、裕仁の母である貞明皇太后と親友だった。島津夫人の知人には、華族やその夫人のほかに退役の陸海軍将官、在郷軍人会の指導者、天皇機関説に反対する理論家などがいた。

夫人の親しくしている者に、神道の天津教《あまつきょう》の神官の秦真次《はたしんじ》がいた。

秦はかつての東京憲兵司令官で、陸軍の真崎甚三郎大将（真崎は朝鮮や中国への進出を主張する北進派）追放をめぐる争いの際には、南進派（台湾や東南アジア進出を主張）に打撃を与える材料を提供している。

一月中旬に島津夫人は友人を多数集め、竜海の観音像の腹話術による予言を聞き、巫女《みこ》の御告げを聞いている。竜海の御堂の外に警察の人間が立って、出席者のメモを取っていた。

警察は、海軍大将山本英輔が祈祷の定期的参加者として目立った役割を果たしていると報告している。

山本は、国体原理派の青年将校（注3）が実現しようとしていた内閣の首班の第一候補だった。ほかにも東京の上流社会の際立った面々、とくにその夫人連中が多く参加していた。彼らはみな、こうしていれば数箇月崎（数カ月先の意味か）には無事でいられる、と説明されていた。

祈禱会で華族たちは、東久邇宮《ひがしくにのみや》が竜海に教えこんでいた哲学と猥談が混じった話をきいた。ゴシップ話は彼女らを面白がらせ、お互いを親密にさせた。

前女官長島津治子が昭和一一年一二月（九月の誤記である）に精神病院に入られた。警察のファイルに残された彼女の告白（供述）によると、参加者の前には死霊ばかりでなく生霊も現れ、皇族に関する次のような不敬なゴシップ話を交換し合っている。
・難波大助の死霊が秩父宮殿下の生霊と一緒に現れ「自分の婚約者の処女を奪った」と言った。
・高松宮殿下の霊も現れ「自分の実母は大正天皇の女官だった」と言った。
・皇太子（裕仁）に仕え、のちに切腹した武官（乃木将軍のことか）も現れた。その霊は皇太子に似た衣裳をつけてこのように言った。
「私は秩父宮が皇太子となるべきだと唱えて敗れた」
・大正天皇の侍従の霊が現れ「自分は貞明皇太后（裕仁天皇の母）の愛人だった」と言った。
・秩父宮殿下の生霊は、礼子（伊藤礼子。学習院におけるアカのスキャンダルに連座）との情事をお話しになられた。
・鏡にはすべて表と裏がございます。私たちは表では、神を拝めば神の守護によって救われるといっています。裏では、国体が最後には明らかとなり、維神への道を照らしだすといっています。裏にはそのような意図がふくまれています。表は普通の人に説き、いつの日か裏にいたるのです。信仰の篤い人でも徐々に裏に近づくものです。裏の奥には、ひもろぎ等天啓をもたらす段階があります。意識のきわめて高い人がその段階に達するので、滅多にあることではありません。
・皇太子（明仁）が年少の間に摂政を定め、補佐を選ぶことです。霊界では、皇太子様は明治天皇様の魂をおもちです。このことは、私たちには啓示されていました。だから秩父宮が隠退され、高松宮が摂政、補佐となられるでしょう。
・天皇（昭和天皇）御自身には前世の御因縁があり、国体明徴維神の道は立てられず、早晩、御崩御は免れません。
・私たちは地上にひもろぎを立て、維神の道を立て、国体を明徴にしなければなりません。これがいわゆる岩戸開きであり、その鍵は私がもっています。

注1　竜海とは島津とともに逮捕された祈祷師の小原唯雄。『木戸幸一日記』にも聴取書が記載されている。
注2　島津治子が退任したのは昭和二（一九二七）年で、退任理由も事実と異なる。
注3　五・一五事件を起こした海軍の皇道派青年将校。

これは『木戸幸一日記（上巻）』で記述された「島津治子聴取書」をベースに書かれている。しかし「島津治子聴取書」に記載されたものとは内容が一部異なる。

『木戸幸一日記』の「島津治子聴取書」は昭和一一年の日記の末尾に「月日不明」として記載されている。逮捕日が同年八月二六日、新聞発表は八月二九日であるため、新聞発表の前に警察が宮内省へ報告したものと思われる。従って「月日不明」は「八月二七日」か「八月二八日」であると、推察する。

宮内省（宗秩寮《そうちつりょう》総裁・木戸幸一）や警視庁は逮捕の二カ月前から島津の動向を注視し、逮捕のタイミングなどを探っていたことが『木戸幸一日記』に詳しく記述されている。

一方、牧野伸顕の日記には、逮捕翌々日の八月二八日になって初めて登場する。長州閥の木戸は島津と同じ薩摩閥の牧野伸顕に対しては意図的に一連の情報を秘匿していた、と推察する。

宮中を舞台に薩摩と長州の水面下の情報戦が展開されていた。

十、一年間の入院生活

島津治子の退院は昭和一二年一〇月二七日で、東京日日新聞は同年一〇月二六日付に「〝迷教〟の島津女史　あすいよいよ退院」という見出しで次のように報道している。

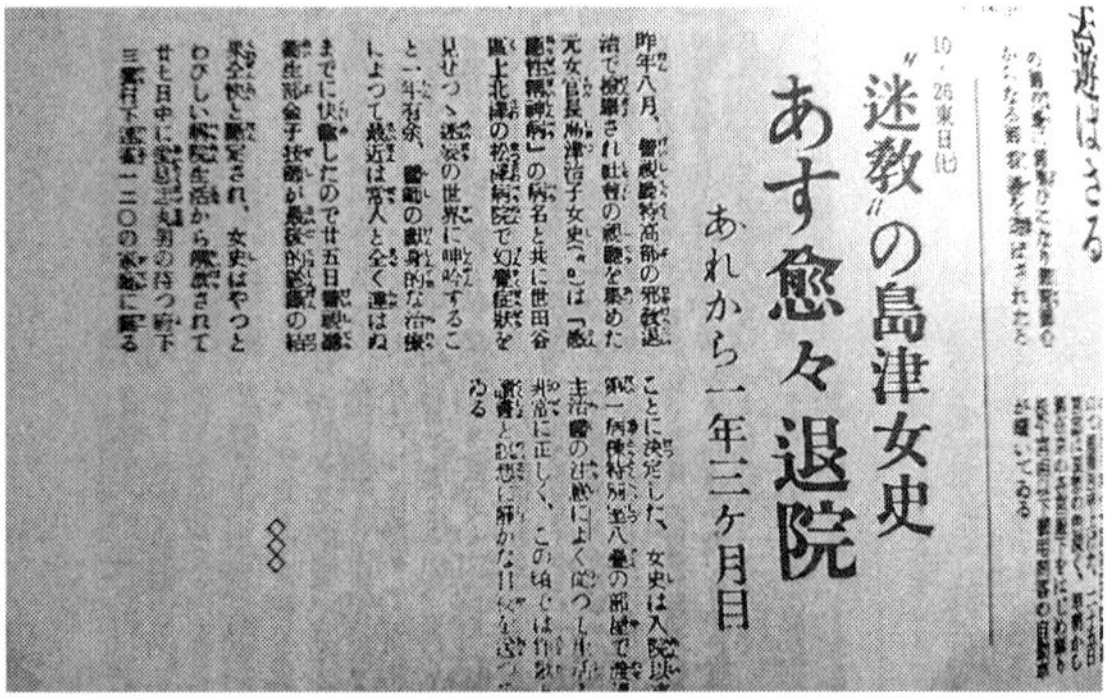

〝迷教〟の島津女史
あす愈々退院
あれから一年三ケ月目

東京日日新聞（昭和12年10月26日）

警視庁の邪教退治で検挙された元女官長島津治子は世田谷区上北沢の松澤病院で幻覚症状を見せつつ、迷妄の世界に呻吟すること一年余り。医師の献身的な治療により、最近は常人と変わらぬまでに回復した。警視庁金子医師（当時の精神科医）の診断の結果、全快と断定された。島津女史は二七日中に愛息の忠丸男爵の待つ、府下三鷹村《みたかむら》下連雀《しもれんじゃく》一二〇の家庭に帰ることに決定した。島津女史は入院以来、第一病棟特別室の八畳の部屋で渡辺主治医の注意によく従って、生活も非常に正しく、この頃は作歌と読書と瞑想に静かな日夜を送っている。

この日の記事を最後に島津は新聞報道に登場しない。

第二章　薩派動く

一、薩摩と長州の権力争い

大正一二年八月、島津治子は東宮女官に内定した。なぜ、島津に女官長の白羽の矢が当たったのだろうか。それは大正九年から一〇年にかけて起きた「宮中某重大事件《きゅうちゅうぼうじゅうだいじけん》」に加え、「薩摩と長州の政治的主導権争い」が関係している。

「宮中某重大事件」とは、長州閥の山縣有朋《やまがたありとも》が皇太子妃久邇宮良子《くにのみやながこ》の内定取り消しを求めたもので、当時の原敬首相や元老の西園寺公望などを巻きこみ政治問題にまで発展した。久邇宮良子の母は島津忠義の七女俔子《ちかこ》で、良子は当時一四歳だった。

山縣有朋の主張は、島津家の子女には色覚異常があり皇太子妃としてふさわしくないというもので、色覚異常は学習院に通っていた島津家一族の子女の健康診断で偶然発覚した。

これに対して、「内定取り消し」は山縣有朋の陰謀であるとして頭山満《とうやまみつる》ら国粋主義者らがその反対運動を展開。

結局、宮内大臣が「何ら変更なし」と発表したが、一連の問題の責任を取り山縣は謹慎に追い込まれた。

この背景には松方正義、山本権兵衛、牧野伸顕《まきののぶあき》ら薩派が水面下で動いていたと推察する。

そして山縣をはじめとする長州派は宮中から一掃され、牧野伸顕が宮内大臣や内大臣として実権を握った。牧野はまた、宮内次官として関谷貞三郎を就任させ、宮中で牧野・関谷の薩派ラインが創られた。

薩長の主導権争いが裕仁皇太子（のちの昭和天皇）の結婚まで及んでいたのである。

ところでなぜ、久邇宮良子が皇太子妃に選ばれたかは、諸説がある。

このうち、仕人として当時宮中にいた小川金男の証言は具体性がある。小川は昭和二六（一九五二）年六月、『宮廷』を上梓し、女官の生活実態や陛下の日常生活について赤裸々に紹介している。

同書から小川の証言を紹介する。

　久邇宮家は当時宮内省の敷地内に住まいがあり、その隣の官舎に宮内大臣の波多野敬《たか》直《なお》が住んでいた。両家は庭続きで親しく交際しており、この関係で久邇宮良子が候補に浮上した。（『宮廷』一七二頁）

宮中の生活実態が紹介された書籍は少なく、この本と元女官の山川美智子が上梓した『女官・明治宮中出仕の記』が宮中の生活を知る手がかりになっている。

一方この時期、大正天皇は病弱で療養しており、裕仁皇太子が摂政として天皇の政務を執り行っていた。しかし皇后は健在で、宮中の支配体制は裕仁皇太子と貞明皇后の二重権力構造になっていた。

加えて裕仁皇太子と貞明皇后は、女官制度の改革など「宮中の在り方」などをめぐっても対立していた。これは原武史ら昭和史研究家の間では通説になっている。

大正一〇年二月、薩摩閥の牧野伸顕は宮内大臣（現在の宮内庁長官）に就任した。島津治子の女官長内定の二年前である。この時期、大正一一年には大隈重信や山縣有朋が亡くなり、世代交代が確実に進んでいた。

ところで、牧野は宮内大臣就任の二日前に原敬宅を訪問し、松方正義から就任要請されたことを報告している。

『原敬日記』によると牧野が訪問したのは大正一〇年二月一七日で、牧野は原に対して「薩摩、長州以外の者から人選すべきである」と主張している。（『原敬日記』第九巻二二一頁）

牧野がこのような主張をした背景には薩摩、長州だけでの国政運営はバランスを欠き得策ではない、という判断があった、と推察したいが、これは必ずしも納得できない。その理由として、牧野はその後、内大臣（天皇を補佐する相談役）として昭和一〇（一九三五）年まで、約一五年間天皇の近くにいて宮中を支配下においていた。つまり、薩摩が宮中を支配していたことになる。

そして牧野の内大臣就任と島津の女官長就任は、松方正義の戦略だった可能性もある。島津が女官就任を受諾した日、『牧野伸顕日記』には以下のように記載されている。（傍線は筆者）

大正一二年八月七日

治子夫人承諾の旨、長丸男より電答あり。大に安心せり。此にて殿下御婚儀関係の重要事項内定。特に臨時の出来事現出せざる限り諸事先づ御始〔首〕尾克く済せらるゝ事となるべし。心限りの快事なり。

現代文に直すと、

「島津治子夫人が、女官就任を承諾する旨の電話が島津長丸男爵《ながまるだんしゃく》よりあった。大いに安心した。これで皇太子殿下のご結婚関係の重要事項は内定した。特に突発的な事柄が起こらない限り首尾よく進むものとなる。うれしい限りの出来事である」

この日記から二週間後の八月二二日、鹿児島新聞（現在の南日本新聞）は島津治子の女官内定を報道した。記事は島津治子の談話も掲載している。

談話を要約して紹介する。（傍線は筆者）

「宮中の御用係は重い責任がある大事なことでありますが、私は鶴嶺女学校を経営している上に婦人会にも関係していますので一旦お断り申し上げました。

しかし切にお勧めくださる方がいましたのでお受けすることに致しました。就任後は青山二丁目の自宅から通勤するはずですが、私がお仕えするところはすべて生活様式が洋装になっているそうです。従って私の生活様式も洋装だろうと思っています。

私がこれまで経営してきました鶴嶺高等女学校、鶴嶺幼稚園は夫の長丸に譲ることにしましたので、今後長丸が校長、園長として教養の任務にあたるはずです。長丸は貴族院議員であるため繁忙な時期が御座いますので今後、宮里教頭の世話になると思います」

女官御選定
婦徳が第一
畏くも皇后宮の思召
第一の榮譽を荷ふ治子夫人

鹿児島新聞（大正10年8月22日）

傍線の「切にお勧めくださる方」とは牧野伸顕と思われる。その理由として、牧野はこの年の八月四日付で島津長丸宛に、島津治子の東宮御所への出仕要請の手紙を出している。さ

皇后陛下の御思召で
女官も結婚される
人間として總てを体得し得る

倫敦保険市場を
騒がした沈没
二百五十萬圓の巨額

艦首が三

鹿児島新聞（大正12年８月29日）

らに八月八日、牧野は松方正義宛てに島津治子が承諾した旨の電報を受け取った、という手紙を出している。

これらの手紙は国会図書館に保存されている。

大正一二（一九二三）年八月二一日、島津治子は鹿児島を出発し東京へ向かった。

三日後の八月二四日、総理大臣の加藤友三郎が急逝。国政がまたも混乱した。さらに九月一日、関東大震災が起き国政は大混乱した。

そして島津の女官就任にも問題が起きた。

そもそも女官として宮中で仕える者は、これまでは未婚者が条件だった。だから女官は結婚ができず、一般人とはかけ離れた生活を余儀なくされていた。そして高齢になり宮中での仕事ができなくなり、初めて宮中から去ることができた。既婚者の島津に宮中に入る資格はなかったが、この時、皇室令が改正された。この改正には薩派が水面下で動いた。

皇室令の改正を受けて、鹿児島新聞は同年八月二九日「女官も結婚される（結婚できる）」

薩派運動奏効

後藤子等も参畫

東京日日新聞(大正12年8月29日)

という見出しで島津治子の皇室入りを報道した。

東京日日新聞など当時の新聞には、「薩派動く」「薩派の意中」「薩派運動奏功」などの見出しで報道されている。

同年九月、島津の皇室入りに伴い改正された皇室令が公布された。

その骨子は①従来のお局制度を廃止し自宅から通勤して出仕し、少数の当番者が交代で当直奉仕する②源氏名を廃止して姓名を呼称する③高等女官（総理大臣が任命する奉任官）は一〇名を限度にし、残りの二〇余名は判任女官（大臣が任命する判任官）として任命する、というものであった。

高等女官は半数を外部から任命し、残りは皇后職のお局から任命されることになり、島津は高等女官の筆頭として東宮女官長に任命された。

これはつまり、宮中に島津家出身の女官を起用し、皇太子妃の久邇宮良子を支える人事だった。そして前述の『牧野伸顕日記』に記載されている「此にて殿下御婚儀関係の重要事項内定」は島津家から女官を抜擢する、という意味でもあった。

二、薩派の盛衰

「薩派」という言葉は現在、死語になっている。「薩派」とは明治後期から昭和初期にかけて、地域で結ばれた政治集団をいう。今でいえば派閥である。当時の新聞に、しばしばこの文字が登場するが、薩派の誕生と盛衰の歴史はほとんど研究されていない。

明治一八（一八八五）年一二月二二日に発足した第一次伊藤博文内閣から大正期の内閣まで、長州は井上馨、山縣有朋、桂太郎など次々に後継者を輩出したが、薩派は明治後期から次第に衰退した。

その原因は何だったのだろうか。長州閥の動きと薩派の大臣登用の歴史を探る。

明治一八年一二月、長州閥の伊藤博文（四五歳）は初代内閣総理大臣として組閣。薩派の松方正義（五一歳・大蔵大臣）、大山巌（四四歳・陸軍大臣）、西郷従道（四三歳・海軍大臣）、森有礼（三九歳・文部大臣）が入閣した。薩摩閥は四ポストを取得した。長州閥も外務（井上馨）、内務（山縣有朋）、司法（山田顕義《やまだあきよし》）の三ポストを確保し薩長のバランスを取った。

西郷隆盛、大久保利通亡き後、薩派の源流はこの時の組閣人事から始まった。

明治二四年五月六日、松方正義が総理大臣に就任し国政のトップに立った。続いて明治二九年九月の第二次松方内閣で、薩派は再び国政の主導権を握った。松方にとって二度目の組閣であった。

この時、松方総理大臣が六二歳、西郷従道内務大臣が六〇歳、高島鞆之助《たかしまとものすけ》陸軍大臣が五三歳、樺山資紀《かばやますけのり》海軍大臣が五五歳だった。陸軍、海軍、内務大臣を押さえ、大蔵大臣は松方が兼任した。最強の薩摩閥内閣だったが、一年四カ月後の明治三〇年一二月二五日、総辞職した。

この後、大正二（一九一三）年まで約一五年間、長州閥や非薩摩閥の内閣が続いた。伊藤博文（第二次・長州）、大隈重信（佐賀・反薩摩）、山縣有朋（長州）、桂太郎（長州）などが総理大臣に就任した時期である。

この時期、西郷従道は死去し、樺山資紀は高齢で政界から引退。薩派の政治力は確実に低下していた。

日露戦争後、桂太郎と西園寺公望（公家）は交互に首相の座を獲得し政権を担当した。桂園時代と呼ばれている。桂は三回、西園寺は二回、この間約一五年、薩派は政治の主導権を握れなかった。その後、薩派内の主導権は山本権兵衛（明治三一年海軍大臣・四七歳）、牧野伸顕（明治三九年文部大臣・四六歳）らに引き継がれる。

大正二年二月二〇日、薩派の山本権兵衛が首相に就任、第一次山本内閣を組織した。振り返ると明治三一（一八九八）年一月、第二次松方内閣が総辞職して以来一五年振りに薩派が政権を取ったことになる。

第一次山本内閣では牧野伸顕が外相として入閣。内閣書記官長には山之内一次が就任した。内閣書記官長とは現在の内閣官房長官である。

しかし一年後にシーメンス事件（海軍の贈収賄事件）が発覚し、その責任を取り大正三年三月二四日、第一次山本内閣は総辞職した。わずか一年余りの薩摩閥政権だった。

その後約一〇年間薩派は低迷したが、大正一二年八月二八日、再び山本に大命が下った。山本が首相に就き、第二次山本内閣を組織したのが関東大震災の翌日だった。薩派からは外相に伊集院彦吉、海相に財部彪（山本の娘婿）、鉄道相に山之内一次が入閣。内閣書記官長には樺山資英が就任した。

ところが同年一二月、またも薩派にとって不幸な事件が起きた。虎ノ門事件である。第四八議会の開院式に向かう摂政宮（のちの昭和天皇）を無政府主義者といわれる青年、難波大助が狙撃した。幸い摂政宮に怪我はなかったが、この事件が政局に波及し、第二次山本内閣は総辞職した。このため、薩派は山本を元老に就任させる運動を推進した。元老は首相と同様な権力を保持していたが、当時の元老西園寺公望にことごとく反対され実現しなかった。

この背景には長州閥が水面下で反薩摩の動きをした、と推察する。結果的に長州が薩摩より一枚上だった。

この後、政治集団としての薩派は衰退へ向かった。

大正期の薩派の戦略は山本に内閣を組織させ、実績をつくらせて元老に据えるというものだった。しかし山本は内閣を揺るがす事件に見舞われ、実績をつくる機会を失った。また西園寺が生きている限り元老になれる余地もなくなった。山本からみれば、なぜ西園寺だけが元老になれたのか、という思いがあったはずである。

昭和に入り、薩派のリーダー格の山之内一次が昭和七年一二月に逝去した。続いて山本権兵衛が翌昭和八年一二月、東郷平八郎は昭和九年五月、床次竹二郎は昭和一〇年九月、次々に逝去した。

牧野伸顕だけは内大臣として権力を保持していたが、薩派は集団としての政治力を失った。牧野は思想性に乏しく、薩摩人的な気質に欠けていたという指摘もある。牧野の半生は外交官に始まり、国務大臣、貴族院議員、枢密顧問官などの要職を歴任したが、大正一四年の内大臣に就任した日から政治的影響力を失ったといえる。

一方、牧野は天皇の側近として外見上は政府とは距離を置くことになったが大川周明や安岡正篤《やすおかまさひろ》ら右翼思想家と接近していた。これに一部の右翼が反発する。

薩派の衰退は、宮中にいた島津治子にとって信頼できる拠り所を失う結果になった。

ところで、木戸幸一（長州閥）は牧野の内大臣時代、秘書官長として仕えていた。『木戸幸一日記』には島津の不敬事件の供述内容（聴取書）が記載されているが、『牧野伸顕日記』によると、これは記録に残さないはずだった。にもかかわらず木戸は記録に残している。木戸は牧野内大臣の指示に水面下で抵抗していたことが日記からわかる。

明治一八年から大正五年までの約三〇年にわたる薩派の大臣就任の歴史を次の表で紹介する。

薩派大臣一覧（『日露戦後の薩派』より）

年月	明治一八年三月	明治一九年三月
総理大臣	伊藤博文 山口出身（四五歳）	
外務大臣	井上　馨 山口出身（五一歳）	
内務大臣	山縣有朋 山口出身（四八歳）	
大蔵大臣	**松方正義 鹿児島出身（五一歳）**	
陸軍大臣	**大山　巌 鹿児島出身（四四歳）**	
海軍大臣	**西郷従道 鹿児島出身（四三歳）**	
司法大臣	山田顕義 山口出身（四二歳）	
文部大臣	**森　有礼 鹿児島出身（三九歳）**	
農商務大臣	谷　千城 高知出身（四九歳）	**西郷従道（兼任）**
逓信大臣	榎本武揚 東京出身（五〇歳）	

年月	総理大臣	外務大臣	内務大臣	大蔵大臣	陸軍大臣	海軍大臣	司法大臣	文部大臣	農商務大臣	逓信大臣
明治一九年七月						**大山　巌（兼任）**			山縣有朋（兼任）	
明治二〇年六月									谷　千城（復職）	
明治二〇年七月						**西郷従道（復職）**			土方久元 高知出身（五三歳）	
明治二〇年九月		伊藤博文（兼任）							**黒田清隆 鹿児島出身（四七歳）**	
明治二一年二月		大隈重信 佐賀出身（五一歳）								
明治二一年四月	**黒田清隆 鹿児島出身（四七歳）**	大隈重信 佐賀出身（五一歳）	山縣有朋 山口出身（五一歳）	**松方正義 鹿児島出身（五四歳）**	**大山　巌 鹿児島出身（四七歳）**	**西郷従道 鹿児島出身（四五歳）**	山田顕義 山口出身（四五歳）	**森　有禮 鹿児島出身（四三歳）**	榎本武揚（兼任）	榎本武揚 東京出身（五三歳）
明治二一年七月									井上　馨 山口出身（五四歳）	
明治二一年一二月			**松方正義（兼任）**							
明治二二年二月								**大山　巌（兼任）**		

年月	総理大臣	外務大臣	内務大臣	大蔵大臣	陸軍大臣	海軍大臣	司法大臣	文部大臣	農商務大臣	逓信大臣
明治二二年三月								榎木武揚 東京出身（五四歳）		後藤象二郎 高知出身（五一歳）
明治二二年一〇月			山縣有朋（復職）							
明治二二年一〇月	三條実美（内大臣）（兼任）								岩村通俊 高知出身（四九歳）	
明治二二年一二月	山縣有朋 山口出身（五二歳）	青木周蔵 山口出身（四六歳）	山縣有朋（兼任）	**松方正義 鹿児島出身（五五歳）**	**大山　巌 鹿児島出身（四八歳）**	**西郷従道 鹿児島出身（四七歳）**	山田顕義 山口出身（四六歳）	芳川顕正 徳島出身（四九歳）	陸奥宗光 和歌山出身（四七歳）	後藤象二郎 高知出身（五一歳）
明治二三年五月			**西郷従道 鹿児島出身（四八歳）**			**樺山資紀 鹿児島出身（五四歳）**				
明治二四年五月	**松方正義 鹿児島出身（五七歳）**	榎本武揚 東京出身（五六歳）	**西郷従道 鹿児島出身（四九歳）**	**松方正義（兼任）**	**高島鞆之助 鹿児島出身（四八歳）**	**樺山資紀 鹿児島出身（五五歳）**	山田顕義 山口出身（四八歳）	芳川顕正 徳島出身（四九歳）	陸奥宗光 和歌山出身（四九歳）	後藤象二郎 高知出身（五三歳）
明治二四年六月			品川弥二郎 山口出身（四九歳）				田中不二麿 愛知出身（四七歳）	大木喬任 佐賀出身（六一歳）		
明治二五年三月			副島種臣 佐賀出身（四六歳）						河野敏鎌 宮崎出身（四八歳）	

年月	総理大臣	外務大臣	内務大臣	大蔵大臣	陸軍大臣	海軍大臣	司法大臣	文部大臣	農商務大臣	逓信大臣
明治二五年六月			**松方正義（兼任）**				河野敏鎌（兼任）		佐野常民	
明治二五年七月			河野敏鎌 高知出身（四八歳）				河野敏鎌（兼任）			
明治二五年八月	伊藤博文 山口出身（五二歳）	陸奥宗光 和歌山出身（五〇歳）	井上 馨 山口出身（五八歳）	渡邊國武 長野出身（四七歳）	**大山 巌 鹿児島出身（五一歳）**	**仁礼景範 鹿児島出身（五二歳）**	山縣有朋 山口出身（五五歳）	河野敏鎌 高知出身（四九歳）	後藤象二郎 高知出身（三四歳）	**黒田清隆 鹿児島出身（五三歳）**
明治二六年五月							伊藤博文（兼任）	井上 馨 熊本出身（四九歳）		
明治二六年五月						**西郷従道 鹿児島出身（五〇歳）**	芳川顕正 徳島出身（五三歳）			
明治二七年一月									榎木武揚 東京出身（五九歳）	
明治二七年八月								西園寺公望 京都出身（四四歳）		
明治二七年九月					**西郷従道（兼任）**					

年月	総理大臣	外務大臣	内務大臣	大蔵大臣	陸軍大臣	海軍大臣	司法大臣	文部大臣	農商務大臣	逓信大臣
明治二七年一〇月			野村　靖 山口出身（五三歳）							
明治二八年五月				**松方正義 鹿児島出身（六一歳）**	山縣有朋（兼任）					渡邊顕武 長野出身（五〇歳）
明治二八年五月					大山　巌（復職）					
明治二八年六月		西園寺公望（兼任）								
明治二八年一〇月										白根専一 山口出身（五三歳）
明治二九年二月			芳川顕正（兼任）						拓殖大臣（新設）	
明治二九年三月									**高島鞆之助 鹿児島出身（五三歳）**	
明治二九年三月		西園寺公望（兼任）								
明治二九年四月		陸奥宗光（復職）	板垣退助 高知出身（六〇歳）							

年月	総理大臣	外務大臣	内務大臣	大蔵大臣	陸軍大臣	海軍大臣	司法大臣	文部大臣	農商務大臣	逓信大臣
明治二九年八月	**黒田清隆（兼任）**									
明治二九年九月	**松方正義 鹿児島出身（六二歳）**	大隈重信 佐賀出身（五九歳）	**樺山資紀 鹿児島出身（六〇歳）**	**松方正義（兼任）**	高島鞆之助（兼任）	**西郷従道 鹿児島出身（五四歳）**	清浦奎吾 熊本出身（四七歳）	蜂須賀茂韶 徳島出身（五一歳）	榎本武揚 東京出身（六一歳）	野村 靖 山口出身（五五歳）
明治二九年九月									**拓殖大臣 高島鞆之助 鹿児島出身**	
明治三〇年三月									大隈重信（兼任）	
明治三〇年九月					**高島鞆之助 鹿児島出身（五四歳）**				拓殖大臣（廃止）	
明治三〇年一一月		**西 健二郎 鹿児島出身（五〇歳）**						濱尾 新 兵庫出身（四八歳）	山田信道 熊本出身（六四歳）	
明治三一年一月	伊藤博文 山口出身（五八歳）	**西 健二郎 鹿児島出身（五一歳）**	芳川顕正 徳島出身（五八歳）		桂 太郎 山口出身（五二歳）	**西郷従道 鹿児島出身（五六歳）**	曾禰荒助 山口出身（五〇歳）	西園寺公望 京都出身（四八歳）	伊東巳代治 長崎出身（四二歳）	末松謙澄 福岡出身（四四歳）
明治三一年四月								外山正一 東京出身（五一歳）	金子堅太郎 福岡出身（四六歳）	

年月	総理大臣	外務大臣	内務大臣	大蔵大臣	陸軍大臣	海軍大臣	司法大臣	文部大臣	農商務大臣	逓信大臣
明治三一年六月	大隈重信 佐賀出身（六一歳）	大隈重信（兼任）	板垣退助 高知出身（六二歳）	松田正久 佐賀出身（五四歳）	桂　太郎 山口出身（五二歳）	**西郷従道 鹿児島出身（五六歳）**	大東義徹 滋賀出身（五七歳）	尾崎行雄 三重出身（四〇歳）	大石正巳 高知出身（四四歳）	林　有造 高知出身（五七歳）
明治三一年一〇月								犬養　毅 岡山出身（四四歳）		
明治三一年一一月	山縣有朋 山口出身（六一歳）	青木周蔵 山口出身（五五歳）	**西郷従道 鹿児島出身（五六歳）**	**松方正義 鹿児島出身（六四歳）**	桂　太郎 山口出身（五二歳）	**山本権兵衛 鹿児島出身（四七歳）**	清浦奎吾 熊本出身（四九歳）	**樺山資紀 鹿児島出身（六二歳）**	曾禰荒助 山口出身（五〇歳）	芳川顕正 徳島出身（五八歳）
明治三三年一〇月	伊藤博文 山口出身（六〇歳）	加藤高明 愛知出身（四一歳）	末松謙澄 福岡出身（四六歳）	渡邊國武 長野出身（五五歳）	桂　太郎 山口出身（五四歳）	**山本権兵衛 鹿児島出身（四九歳）**	金子堅太郎 東京出身（四九歳）	松田正久 佐賀出身（五六歳）	林　有造 高知出身（五九歳）	星　亨 和歌山出身（五一歳）
明治三三年一二月					兒玉浦太郎（兼任）					原　敬 岩手出身（四五歳）
明治三四年三月	西園寺公望（臨時代理）									
明治三四年五月	西園寺公望（臨時総理）			西園寺公望（兼任）						
明治三四年六月	桂　太郎 山口出身（五五歳）	曾禰荒助（兼任）	内海忠勝 山口出身（五九歳）	曾禰荒助 山口出身（五三歳）	児玉源太郎（兼任）	**山本権兵衛 鹿児島出身（五〇歳）**	清浦奎吾 熊本出身（五三歳）	菊池大麓 岡山出身（四七歳）	平田東助 山形出身（五三歳）	芳川顕正 徳島出身（六一歳）

年月	総理大臣	外務大臣	内務大臣	大蔵大臣	陸軍大臣	海軍大臣	司法大臣	文部大臣	農商務大臣	逓信大臣
明治三四年 九月		小村壽太郎 宮崎出身 （四七歳）								
明治三五年 三月					寺内正毅 山口出身 （五〇歳）					
明治三六年 七月			児玉源太郎 （兼任）							
明治三六年 七月								児玉源太郎 （就任）	清浦奎吾 （兼任）	曾禰荒助 （兼任）
明治三六年 九月							波多野敬直 長崎出身 （五二歳）	久保田　譲 兵庫出身 （五五歳）	清浦奎吾 熊本出身 （五三歳）	**大浦兼武** **鹿児島出身** **（五二歳）**
明治三六年 一〇月			桂　太郎 （兼任）							
明治三七年 二月			芳川顕正 徳島出身 （六四歳）							
明治三八年 一二月								桂　太郎 （兼任）		

年月	総理大臣	外務大臣	内務大臣	大蔵大臣	陸軍大臣	海軍大臣	司法大臣	文部大臣	農商務大臣	逓信大臣
明治三九年一月	西園寺公望 京都出身（五八歳）	加藤高明 高知出身（四七歳）	原　敬 岩手出身（五一歳）	隈谷芳郎 岡山出身（四四歳）	寺内正毅 山口出身（五五歳）	齋藤　實 岩手出身（四九歳）	松田正久 佐賀出身（六二歳）	西園寺公望（兼任）	松岡康毅 徳島出身（六一歳）	山縣伊三郎 山口出身（五〇歳）
明治三九年三月		西園寺公望（臨時兼任）						**牧野伸顕 鹿児島出身（四六歳）**		
明治三九年五月		林　董 東京出身（五七歳）								
明治三九年九月			清浦奎吾（兼任）							
明治四一年一月				松田正久（兼任）						原　敬（就任）
明治四一年三月				松田正久 佐賀出身（六四歳）			千家尊福 島根出身（六二歳）			堀田正恒 東京出身（五九歳）
明治四一年七月	桂　太郎 山口出身（六二歳）	寺内正毅（臨時兼任）	平田東助 山形出身（六〇歳）	桂　太郎（兼任）	寺内正毅 山口出身（五七歳）	齋藤　實 岩手出身（五一歳）	岡部長職 大阪出身（五五歳）	小松原英太郎 岡山出身（五七歳）	**大浦兼武 鹿児島出身（五九歳）**	後藤新平 岩手出身（五二歳）
明治四一年七月		小村壽太郎 宮崎出身（五四歳）								

年月	総理大臣	外務大臣	内務大臣	大蔵大臣	陸軍大臣	海軍大臣	司法大臣	文部大臣	農商務大臣	逓信大臣
明治四四年九月	西園寺公望 京都出身 （六三歳）	内田康哉 熊本出身 （四七歳）	原　敬 岩手出身 （五六歳）	山本達雄 大分出身 （五五歳）	石本新六 姫路出身 （五八歳）	齋藤　實 岩手出身 （五四歳）	松田正久 佐賀出身 （五七歳）	**長谷場純孝 鹿児島出身 （五八歳）**	**牧野伸顕 鹿児島出身 （五一歳）**	林　董 東京出身 （六二歳）
明治四五年四月					**上原勇作 鹿児島出身 （五六歳）**					
大正元年一二月	桂　太郎 山口出身 （六六歳）	桂　太郎 （臨時兼任）	**大浦兼武 鹿児島出身 （六三歳）**	若槻禮次郎 島根出身 （四七歳）	木越安綱 石川出身 （五九歳）	齋藤　實 岩手出身 （五五歳）	松室　致 福岡出身 （六一歳）	柴田家門 山口出身 （五一歳）	仲小路　康 山口出身 （四七歳）	後藤新平 岩手出身 （五六歳）
大正二年一月		加藤高明 愛知出身 （五三歳）								
大正二年二月	**山本権兵衛 鹿児島出身 （六二歳）**	**牧野伸顕 鹿児島出身 （五三歳）**	原　敬 岩手出身 （五八歳）	高橋是清 宮城出身 （六〇歳）	木越安綱 石川出身 （六〇歳）	齋藤　實 岩手出身 （五六歳）	松田正久 佐賀出身 （六九歳）	奥田義人 鳥取出身 （五四歳）	山本達雄 大分出身 （五八歳）	元田　肇 大分出身 （五六歳）
大正二年六月					楠瀬幸彦 高知出身 （五六歳）					
大正三年三月								大岡育造 山口出身 （五八歳）		
大正三年四月	大隈重信 佐賀出身 （七七歳）	加藤高明 愛知出身 （五五歳）	大隈重信 （兼任）	若槻禮次郎 島根出身 （四九歳）	岡　市之助 京都出身 （五五歳）	八代六郎 愛知出身 （五五歳）	尾崎行雄 三重出身 （五六歳）	一木喜徳郎 福岡出身 （四八歳）	**大浦兼武 鹿児島出身 （六五歳）**	武富時敏 佐賀出身 （六〇歳）

年月	総理大臣	外務大臣	内務大臣	大蔵大臣	陸軍大臣	海軍大臣	司法大臣	文部大臣	農商務大臣	逓信大臣
大正四年二月			**大浦兼武 鹿児島出身（六六歳）**						河野広中 福島出身（六七歳）	
大正四年八月		大隈重信（兼任）	一木喜徳郎 静岡出身（四九歳）	武富時敏 佐賀出身（六一歳）		加藤友三郎 広島出身（五五歳）		高田早苗 埼玉出身（五六歳）		箕浦勝人 佐賀出身（六二歳）
大正四年一〇月		石井菊次郎 千葉出身（五〇歳）								
大正五年三月					大島健一 岐阜出身（五九歳）					
大正五年一〇月	寺内正毅 山口出身（六五歳）	寺内正毅（兼任）	後藤新平 岩手出身（六〇歳）	寺内正毅（兼任）	大島健一 岐阜出身（五九歳）	加藤友三郎 広島出身（五六歳）	松室　致 福岡出身（六五歳）	岡田良平 静岡出身（五三歳）	仲小路　慶 山口出身（五一歳）	田　健治郎 兵庫出身（六二歳）
大正五年一一月		本野一郎 佐賀出身（五五歳）								

三、薩派政治家の異説人物評

通説とは異なる薩摩閥の人物評を紹介する。参考にしたのは当時出版された四冊の書籍である。

『元老と新人』（大正六年六月）、『後藤新平論』（大正八年五月）、『時の人、永遠の人』（大正九年七月）、『床次竹二郎の急逝』（大正一〇年九月）である。

大正六（一九一七）年発行の『元老と新人』の著者は、当時の評論家で『時勢と人物』『党人と官僚』などを執筆した吉野鐵拳禅《よしのてつけんぜん》である。通説とは異なる人物評で興味深い。同書から抜粋し、要約して現代訳で紹介する。（ ）内は筆者による。

・薩派のなかで将来活躍する人物が二人いる。その二人は高島鞆之助と山本権兵衛である。高島は陸軍を代表し、山本は海軍を代表する。

・松方は長州閥には好かれ、薩摩閥には悪く思われ、ほとんど力はない。

・山本は血もあり涙もある逸材である。山本を抜擢したのは当時の海軍卿の川村純義（薩派）である。

・高島鞆之助と同様に有望な人物として樺山資紀がいる。樺山は高島のような積極性がなく財産をふやすことに熱中している。
・日露戦争で名声を得た東郷平八郎は大山巌のような軍人肌ではなく、政治家にもなり得ない。
・海軍大臣の斎藤実《さいとうまこと》（妻は薩摩閥・仁礼景範の長女）、上原勇作（のちの陸軍大臣・都城出身）、加藤友三郎（日露戦争で東郷平八郎の参謀）は鹿児島出身ではないが、準薩派というべき人物である。
・山之内一次（薩派・第一次山本権兵衛内閣の書記官長）は山本権兵衛の腰巾着で、英国アームストロング会社との利権を仲介した。山本権兵衛の財産をつくることに貢献したが、自らも蔵を作った利口者である。軍人で金銭を愛する樺山資紀だけを責めるべきではない。山之内は政治的野心を持つ。薩派の傀儡である。
・海軍の主要人物はすべて薩摩人である。伊藤佑亨《いとうすけゆき》、東郷平八郎をはじめ、日清戦争時の樺山資紀、日露戦争当時の上村彦之丞《かみむらひこのじょう》、片岡七郎、柴山矢八、鮫島員規《さめしまかずのり》は薩摩人である。当時、薩摩人でなければ海軍の軍人ではないといわれた。軍令部長の伊集院五郎も薩摩人である。横須賀鎮守府の司令長官山田彦八、第二艦隊司令長官伊地知《いじち》季珍《すえたか》も薩摩人の軍人であるが、軍政家ではない。

・山本権兵衛は軍務局長時代に海軍の人事を粛正し、薩摩人で占められていた海軍に他県人も登用した。
・他県人でも薩化（薩摩人化）している者もいる。財部彪は宮崎出身であるが、山本権兵衛の娘婿でもある。
・財部彪は日露戦争時の軍令部参謀で的確な計画を立てていた。次官に転じた後、山本権兵衛の推薦で、斎藤実の知恵袋となり、海軍省を仕切っている。

山之内一次、牧野伸顕の人物評は『時の人・永遠の人』に書かれている。

書籍の奥付には著者は南木性と書かれているが、本名は南木芳太郎（大阪の歴史研究家）と思われる。これも通説とは異なる人物評を抜粋して紹介する。（　）内は筆者による。

・山之内は馬鹿か利口か正体がわからない。薩摩人のなかにも無能で馬鹿である者もいれば、頭脳明晰、思慮深く将来の有望株である、という者もいる。
・馬鹿のように見えても利口なのが薩摩人の特性である。
・山之内は政治的所属も曖昧で、大浦兼武（薩派の有力大臣）系の人物と見られているが、山本権兵衛にも接近している。山之内を鉄道局長官や北海道庁長官に抜擢したのは大浦だった。しかし山本内閣誕生にも奔走した。

（この証言が真実ならば、薩派内の山本と大浦は、親密ではなかったことがわかる）

・牧野は学問に於いて秀でているでもなく、政治家として手腕が優れているわけでもないが、清高潔白な人格が現在の政治家のなかではまれにみる。さすがに名流の後継であることを辱めないところがある。

・牧野は一九歳で外務省三等書記官、三一歳で福井県知事、三三歳で文部次官に栄転し、とんとん拍子に出世しているのは親（大久保利通）の七光のなすところである。

・西園寺内閣時代、牧野は農商務大臣だったが、過失もなかった代わりに世間の注目する功績をあげることもなかった。

・これまで牧野は「賛成大臣」という異名が付けられていたほど、閣議では大抵の問題について真っ先に賛成する。

・牧野と大浦兼武（鹿児島県薩摩町出身）とは同じ薩摩人ではあるが、その人格は全く相反対である。牧野は同郷の青年が訪ねて来て議論をすると黙してこれを聞いていて、聞いただけではわからないので書面にしてくれという。一方、大浦は頭の働きが敏捷《びんしょう》で、一部を聞いて全てがわかるという鋭さがある。大浦は話を聞けばよく呑み込めるが、書いたものになると全く読む気にならないという。

大正八（一九一九）年五月発行の『後藤新平論』から薩派の概要を紹介する。著者は後藤新平研究家の山口四郎（別名・菜花野人）である。（　）内は筆者による。

・松方正義の後、薩派の代表は山本権兵衛である。しかし海軍事件（シーメンス事件）が起きた。総理大臣の山本が収賄の張本人とみられ、天下に立派に説明できなかった。

・山本内閣誕生の際、立派な自動車が英国から海軍省へ送られてきた。海軍省の連中（薩摩人）はその自動車を東京市内で得意気に乗り回していた。

・シーメンス事件を告発したのは憲政会の島田三郎であるが、海軍省の連中（薩摩人）が上手に金を使う方法（告発者を逆買収することか）を知っていれば、事件は有耶無耶《うやむや》に終わり、大事には至らなかった。

・当時海軍次官として威張っていた財部彪君などは、世間へ出せばまだ書生上がりで、少しも話が通じなかった。

・現在は牧野伸顕、床次竹二郎、伊集院彦吉（妻は大久保利通の長女）が政界に認められている。

・床次竹二郎は政友会の中心人物として薩派を代表している。薩派内での床次の評判は良い。一〇年後には政友会の総裁として内閣を組織するだろう。
・薩摩人は金銭が好物で、松方正義、山本権兵衛は世間でいう愛銭家として知れ渡っている。
・床次氏は薩摩人に似合わず非常に金離れが良く、常に金を散じて友人の面倒を見ている。

西郷隆盛、大久保利通亡き後は、松方正義、大山巖、西郷従道の三人が大正期まで薩派の中心人物だった。一方、長州の中心人物は伊藤博文、山縣有朋、井上馨だった。薩長藩閥政治のなかで松方に対峙していたのが長州の山縣有朋だった。この二人が明治政府の実権を握っていた時期が、少なくとも明治三〇年代まで続いた。

その後、薩派では山本権兵衛、牧野伸顕、大浦兼武、上原勇作、長谷場純考などが頭角を現してくる。このうち若手の筆頭が牧野伸顕で、西園寺内閣では文部大臣、山本内閣では外務大臣を歴任した。

続いて頭角を現したのが床次竹二郎、山之内一次だった。第一次山本内閣は収賄容疑で倒れる。海軍の高官らがドイツのシーメンス社から賄賂（英国製自動車）をもらっていたというもので、海軍出身の山本内閣弾劾決議が出され、失脚した。

一方、薩派の牧野伸顕と次期総理として期待されていた床次竹二郎が、血盟団事件（昭和七年二月）の暗殺対象の人物となる。

しかも牧野の暗殺担当は鹿児島人の四元義隆と田倉利之の二人で、四元は七高から東大卒、田倉は七高から京大卒のエリートだった。また西園寺公望の暗殺を担当したのは宮崎県都城市（旧薩摩藩）出身の池袋正釟郎で、四元、田倉、池袋の三人は七高時代に敬天会を組織し国粋思想を模索していた。また七高時代の四元は柔道部の主将、池袋は剣道部の主将だった。

島津治子は昭和二（一九二七）年に女官長を退任していたが、血盟団事件で薩摩人が関与していた事実を知っていた、と推察する。

四元らは右翼思想家の安岡正篤とつながっており、島津も安岡とは面識があった。（『知命と立命』安岡正篤、二八二頁）

四、島津に急接近した鹿児島人たち

加世田哲彦の場合

島津治子の皇室入りに合わせるように、島津に接近した鹿児島人、または島津の方から接近した鹿児島人が少なくとも三人以上いた。このうち代表的な人物は加世田哲彦である。

加世田の略歴と島津との接点を、平成六（一九九四）年に発行された『神政龍神会資料集成』から紹介する。加世田は不敬罪で逮捕された矢野祐太郎と共謀し、昭和初期に「神政龍神会」を組織した。「神政龍神会」の事実上ナンバー2だった。

加世田哲彦は明治二六（一八九三）年一一月、鹿児島市東千石町で生まれた。両親が天理教の信者だった。鹿児島二中から大正五（一九一六）年九月、海軍兵学校へ首席で入校。海軍大学を経て、昭和一〇（一九三五）年一二月には海軍中佐に昇進した。海軍の軍令部や横須賀鎮守府の参謀などを歴任。海軍に多くの知人がいたのは事実である。

大正一四年、三二歳の時に天理教の「お授け人」という布教の資格を得た。しかし神の啓示がないとして、天理教から離れる。この時期、同じ鹿児島出身の政治家小森雄介と知り合う。

昭和九年一一月一四日、「神政龍神会」を結成した。会員の中には伯爵の上杉憲章《うえすぎのりあき》や貴族院議員ら著名人もいた。

二・二六事件の翌月の昭和一一年三月、不敬の宗教団体として「神政龍神会」が摘発され、加世田は逮捕された。この五カ月後の八月に島津も逮捕された。

そもそも「神政龍神会」は、邪教として弾圧された大本教や天津教《あまつきょう》などの考え方を海軍大佐の矢野祐太郎と同志の加世田哲彦が整理し、信者の拡大を図ったもので、神殿は兵庫県川辺郡中谷村肝川と東京に設けられた。

その後、加世田と矢野は裁判にかけられ、加世田は懲役二年、執行猶予三年の判決を受けた。（矢野は東京拘置所内で死亡、死因は不明である。毒殺か）

判決で「神政龍神会」は、皇室の尊厳を冒とくする教理を流布する結社であるとして治安維持法違反で処罰された。（『神政龍神会資料集成』一、一五四頁）

次に当時の薩摩人の小森雄介と島津の接点を探る。

小森雄介の場合

戦前の右翼思想家、安岡正篤《やすおかまさひろ》の著書『知命と立命』、鹿児島出身の外務大臣東郷茂徳の証言、さらに『河合侍従次長日記』に小森雄介と島津治子が登場する。

安岡正篤は戦前、「華族の師」つまり「華族の相談役」とされていた。牧野伸顕と北一輝は、天皇の御進講係として安岡正篤を宮中に入らせる計画を密かに進めていた。

以下、『知命と立命』から抜粋して紹介する。

牧野伸顕の意を受けて薩摩浪人の小森雄介が内話にやってきた。

小森はあるとき島津治子氏を招き、私（安岡）に会わせた。そして二人だけにして小森は座をはずした。

島津治子氏は二人きりになると、「この内話はおことわりになるのがよろしい」と言った。

私はかねてからこの話は承《う》けないことに決めていたので、うけない立場を貫くことにした。(『知命と立命』二八二頁)

小森は七高、東大を卒業し後藤新平の秘書官になった後、満鉄の理事待遇を経て代議士になった。鹿児島出身の外務大臣東郷茂徳は小森の交友関係を次のように証言している。

小森邸には北一輝、西田税《みつぎ》、大川周明などの右翼思想家、出口王仁《おに》三郎《さぶろう》ら宗教人の顔もあった。(『祖父東郷茂徳の生涯』一五五頁)

また『牧野伸顕日記』にも小森は登場する。

小森は満鉄、台湾銀行などで働き、大川周明や孫文らとも親しく交わり政界の黒幕といわれていた。小森は神政龍神会のトップ矢野祐太郎とも知友だった。(『神政龍神会資料集成』一、一五四頁)

『侍従次長河井弥八日記』の昭和二年三月一一日の記述には、島津治子の解任について、薩摩人の牧野伸顕、小森雄介、山之内一次の三者協議が行われたことが書かれている。小森は島津の解任に大きな役割を担っていたことがわかる。(『昭和初期の天皇と宮中・侍従次長河井弥八日記』第一巻一〇六頁)

次に海軍大将山本英輔と島津の接点を探る。

山本英輔の場合

山本は内閣総理大臣の山本権兵衛の甥で、海軍兵学校を経て海軍大学へ進んだ。この経歴は逮捕された加世田哲彦と同じである。

山本は神政龍神会の熱心な信者として注目された。海軍に所属していながら二・二六事件では陸軍の皇道派に理解を示し、陸軍大将の真崎甚三郎とは親密な関係だった。真崎は陸軍の皇道派の青年将校らが推す総理候補だった。

山本の関与は島津とともに逮捕された祈祷師《きとうし》、角田ツネの供述から発覚した。

角田の供述も『木戸幸一日記』に書かれている。

それによると、毎月一〇日の昭憲皇太后(明治天皇の皇后)の命日に、島津治子の自宅で会合を重ねており、その参加者に鹿児島出身の志岐治陸軍中将夫妻、同じく鹿児島出身の山本英輔夫妻がいた。志岐の妻久子は山本英輔と親族関係にあった。(『木戸幸一日記』五二九頁)

山本は、島津の供述以外に、角田ツネの供述でも登場していることから、事件に関与していたことは間違いない、と推察する。

余談だが、海軍大将は鹿児島から歴代、西郷従道、川村純義、樺山資紀、仁礼景範、山本権兵衛、東郷平八郎、上村彦之丞、竹下勇、財部彪（宮崎出身)、山本英輔の一〇人を輩出している。

五、島津治子の支援体制

大正一二年九月一日、関東大震災が起きた。約一四万人が死亡する大惨事となった。大震災の八日前、首相の加藤友三郎が急死し、外務大臣が首相の臨時代理を務めていた。翌日の九月二日、第二次山本権兵衛内閣が誕生した。

山本は内閣に薩摩人を起用し、大震災からの復興と島津を支える盤石の薩摩閥の体制を整えた。外務大臣は伊集院彦吉、海軍大臣は財部彪、鉄道大臣は山之内一次、内閣書記官長は樺山資英が任命された。

薩摩閥の最強期はこの頃だった。

翌大正一三年一月二六日、裕仁皇太子（のちの昭和天皇）は久邇宮《くにのみや》良子と結婚。この時すでに島津治子は東宮女官長に昇進していた。

大久保利通の次男、牧野伸顕は大正一〇年に宮内大臣に就任しており、当時は松方正義を筆頭に薩摩閥ラインが宮中を守っていた。薩派は、府中（政府）ではなく宮中（天皇）を守ることで国政の主導権を握る戦略だった、と推察する。

右翼思想家の北一輝らがこの戦略に反発した。

北の思想は天皇制の否定だった。これに対して薩派は天皇を守るため宮中に接近していた。だから薩派は北ら右翼の攻撃のターゲットになった。

大正一五年五月、北一輝の門下生らによる宮内省怪文書事件が発生した。怪文書の内容は薩派の松方正義、牧野伸顕、市来乙彦（鹿児島出身で前大蔵大臣）らが皇室財産を低廉な価格で売却し、それぞれ二〇万円の賄賂を受けた、というものだった。

また北は、島津家が有力株主の十五銀行も恐喝した。北は、その後二・二六事件の指導者として逮捕、処刑された。

牧野は松方から引き継いだ内大臣のポストを大正一四年三月から約一〇年間務めた。内大

役職	1920年代				1930年代
内大臣	平田東助（1922.9.18）	牧野伸顕（1925.3.30）→			齋藤　実（1935.12.26）
内大臣秘書官長	入江貫一（1923.4.7）	大塚常三郎（1925.6.15）	河井弥八（1926.7.23）	岡部長景（1929.2.14）	木戸幸一（1930.10.28）
宮内大臣	牧野伸顕（1921.2.19）	一木喜徳郎（1925.3.30）→			湯浅倉平（1933.2.15）
宮内次官	関屋貞三郎（1921.3.9）→				大谷正男（1933.2.25）

牧野伸顕を中心とした当時の主要な側近一覧

臣は宮内大臣とは異なり、内閣の一員ではなかった。しかし、常に天皇の側に仕え、天皇の意向や政府要人たちの上奏に立ち会うことができた。一方、宮内大臣は宮内省内の事務系トップだが、内大臣より政治力は低かった。

　内大臣の制度は明治一八年から始まり、初代は三條實美《さんじょうさねとみ》が就任した。明治後期から昭和にかけて大山巌（薩摩閥）、松方正義（薩摩閥）、平田東助（長州閥で山縣有朋の側近）、斉藤実（非長州閥・妻が薩摩出身）、湯浅倉平（長州閥）、木戸幸一（長州閥）らが就任した。内大臣制度は戦後、GHQにより廃止された。

　女官長の人事も、長州閥出身の井上和子（木戸幸一の三女）、濱本松子（木戸幸一の孫）、薩摩閥出身の牧野純子（牧野伸顕の長男の妻）、伊東典子（大久保家の一族）、松村淑子（香淳《こうじゅん》皇后の従姉妹）が就任し、長州と薩摩がしのぎを削っていた。

余談だが、戦前の女官制度は典侍《てんじ》、権典侍《ごんてんじ》、掌侍《しょうじ》、権掌侍《ごんしょうじ》、命婦《みょうぶ》、権命婦《ごんみょうぶ》までが高等官（高級官吏）とされ、陸軍士官学校や海軍兵学校の卒業者と同様の地位の国家公務員とされていた。高等官の下に女嬬《にょじゅ》、権女嬬《ごんにょじゅ》がいて、彼女らの身分も判任官（下級官吏）として国家公務員だった。さらにその下に雑仕《ざっし》、針女《しんみょう》、仲居《なかい》などがいた。

皇室ジャーナリストの河原敏明によると「典侍《てんじ》から権掌侍《ごんしょうじ》までは伯爵家や子爵家の未婚の処女に限られていた」という。（『天皇裕仁の昭和史』八二頁）

また命婦《みょうぶ》、権命婦《ごんみょうぶ》は宮家や公家に仕える士族の娘とされ、日常の雑務や食事の毒味をしていた。天皇の近くで御用をつとめることができるのは権掌侍以上の身分でなければならなかった。命婦は事務的なことを主につかさどり、女嬬、権女嬬は呉服、御膳、道具の三係を分担。雑仕は雑用係だった。

六、宮中入りの経緯

島津治子が女官に任官されるまでの経緯は、『牧野伸顕日記』と『侍従武官長・奈良武次日記』に詳しく記録されている。

任官について、大正一二（一九二三）年七月一一日から少なくとも八回にわたって関係者の協議が続けられた。異例の協議回数である。このうち同年七月一一日から七月三〇日までの牧野の日記には、貞明皇后（大正天皇の皇后）にも拝謁し、女官の人選についてさまざまな角度から意見交換したことが書かれている。以下、『牧野伸顕日記』から抜粋して紹介する。（傍線は筆者）

大正一二年八月一日
島津長丸《ながまる》男夫人入来に付、委曲内談。質問もあり。大体受諾の意向なるが如し。結局男爵へ相談の上、確答すとの事なり。尚詳細は大夫、次官等へ打合せ度との事なり。

要約すると、島津治子が皇室を訪れ詳細について密談した。島津から質問もあった。大体受諾の意向である。島津長丸男爵に相談し、はっきりした返事をもらうことになった。詳細は長官や次官と打ち合わせることになった。

大正一二年八月三日
葉山に伺候。女官問題の形行大略を言上す。就ては将来奥との連絡疎通の大切なるを申上げたるに、新旧相容れず衝突のあり得べき云々の御断言ありたるに付、調和的態度の必要を陳上す。

要約すると、葉山御用邸に住む裕仁皇太子を訪問した。女官問題の経緯をご報告した。今後、宮中の奥の女官との意思疎通が重要であることを申し上げた。新しい女官と古い女官が衝突する可能性があるとの助言をいただいた。このため双方が融和することが必要であると申し上げた。

新しい女官は裕仁皇太子派で、古い女官は貞明皇后派である。

通説ではこの時期、裕仁皇太子と貞明皇后の関係も良くなかった、と言われている。

また貞明皇后と秩父宮（昭和天皇の弟）はこの時期、東京大学教授で神道思想家の筧克彦《かけいかつひこ》から御進講を受けていた。

筧の御進講は『古事記』や『日本書紀』に書かれている記録をもとに、大正一三年二月二六日から五月二七日まで一〇回にわたって静岡県の沼津御用邸で行われた。当時、裕仁皇太子は神奈川県の葉山御用邸に住んでおり、筧の御進講は受けていない。

島津が宮中へ入った時、裕仁皇太子と貞明皇后との確執はすでに表面化していた。島津は二人への対応に苦慮したに違いない。

大正一三年の新年の歌会始で、貞明皇后は「あらたまの　年のはじめに誓うかな　神ながらなる道を踏まぬと」と詠んでいる。傍線の神ながらなるは「神がかり」という意味でもある、と昭和史研究家の原武史は解説している。

後年、島津が神がかりの世界に導かれたのは貞明皇后の影響がある、と推察する。

さらに二・二六事件で、陸軍の皇道派は秩父宮の擁立を画策した。

神政龍神会事件で逮捕された加世田哲彦や島津は、高松宮の擁立を画策していた。共通するのは、どちらも昭和天皇の退位を求めていたことである。

再び日記文に戻る。

大正一二年八月四日

長丸殿電報の次第あり（山之内一次乃春子夫人宛）、直接書面を郵送す。六日中には先方へ到着の筈。多分了解せらるゝならんと期待す。

要約すると、島津長丸氏から電報があった。山之内一次（薩摩閥の鉄道大臣）へ書面を郵送する。八月六日には到着する筈である。多分、宮中入りを了解されることを期待している。

この後、第五章で紹介する大正一二年八月七日の日記に続く。

島津の女官就任は貞明皇后に報告されているが、報告は同年一〇月一八日で、約二カ月遅い。

大正一二年一〇月一八日
邦久王〔久邇宮〕臣籍御降下の件に付枢密院において御諮詢の為め会議あり。出席。有松〔英義・宮中顧問官〕顧問の質問あり、直に可決す。
女官の人選に付皇后陛下へ言上。

要約すると、久邇宮邦久王《くにのみやくにひさ》が皇族を離れる件について、枢密院での会議に出席した。席上、島津の女官就任について貞明皇后へ報告した。

『侍従武官長・奈良武次日記』には大正一二年一一月六日から三回にわたって島津の動静が記録されている。

この時期、摂政宮（裕仁皇太子）を支えていたのは元老の西園寺公望、内大臣の牧野伸顕、宮内大臣の一木喜徳郎、侍従武官長の奈良武次だった。
侍従武官長は天皇へ軍事に関する情報を上奏し、内大臣は国務に関する情報を上奏していた。
『侍従武官長　奈良武次日記』から抜粋して紹介する。

大正一二年一一月六日
島津治子（東宮女官長）夫人参殿、御殿内の室割を一見せらる、余等も序に一見す。

要約すると、島津治子が宮中に参殿し、宮中内の女官等の部屋割りの状況を拝見した。

大正一二年一一月一四日
女官の人選に付今日までの成行《なりゆき》予《あらか》じめ摂政殿下へ言上す。殿下、良子様御運動御相手の事に御希望ありたるに付き、夫れは固より必要の事なれば別に人選可致との申上ぐ。女官人選に付ては何等御意見なし。

要約すると、女官の人選についてこれまでの経緯を裕仁皇太子へ報告した。皇太子妃の運動の相手は別に人選する。女官の人選について何らご意見はなかった。

大正一二年一二月五日

東宮女官任命あり。人選に付ては出来る丈け詮議を尽したる末決定し、大に安心せり。

要約すると、東宮女官に島津治子が任命された。人選はできるだけ協議を重ねて決定した。大いに安心した。

島津が女官就任のため鹿児島を出発したのは同年八月二一日。その後、正式に女官として任命されるまで四カ月かかっている。島津の任命に紆余曲折の協議があった、と推察する。

第三章　女官在任中の出来事

一、薩摩浪人や右翼思想家との交流

島津治子の女官在任中の様子を具体的に書いた書籍や論文はない。皇室ジャーナリストの河原敏明は著書『天皇裕仁の昭和史』で、島津元女官長の不敬事件を紹介している。しかし、内容は『木戸幸一日記』に書かれている「島津治子聴取書」を一部抜粋しただけで、わずか八〇〇字にも満たない。加えて島津の女官在任時代の様子は全く描かれていない。

平成一七（二〇〇五）年一〇月に発行された『新潮45』は「明治・大正・昭和　皇室一〇大事件簿」を特集している。この中で「霊能者となった元女官長の不敬罪逮捕」という見出しで島津を取り上げているが、内容は逮捕事実と当時の時代背景が書かれているにすぎない。

一方、戦前の右翼思想家、安岡正篤《やすおかまさひろ》は著書『知命と立命』に女官在任時代の島津を登場させている。

安岡は戦前、「華族の師」つまり「華族の相談役」とされていた。戦後は吉田茂、中曽根康弘など東大出身の歴代首相の指南役で、政界の黒幕として活動した。

内大臣の牧野伸顕と北一輝（右翼思想家）が安岡を宮中に入らせるという計画を密かに進めていた時期、牧野と北の関係は良好だった。

本書の第二章「四、島津に急接近した鹿児島人たち」の小森雄介の項で紹介した『知命と天命』の文章には前段がある。

『知命と立命』から抜粋して紹介する。

沼波瓊音《ぬなみけいおん》（大正期の国文学者）を通して、安岡を宮中に入れ、杉浦重剛《すぎうらじゅうこう》（昭和天皇の御進講係）のようにする話は確かにあった。宮中の変革にはまず宮中に入れる者が必要ということだったろう。

牧野伸顕の意を受けて薩摩浪人の小森雄介《こもりゆうすけ》が内話にやってきた。

この後に、島津と安岡の会話が続くことになる。（第二章の四参照）

これがいつごろの出来事か不明だが、島津が宮中に仕えながら右翼や政界関係者と接触していた事実を物語っている。牧野と北の友好関係はこの後、決裂した、と推察する。

これ以降、北一輝、西田税《みつぎ》ら右翼思想家は、内大臣の牧野伸顕への攻撃を始めた。北は「皇室金庫を薩派の盗蝕より防衛せよ、十五銀行の乱脈破綻」という怪文書を配布し、牧野内大臣を「薩派の巨頭で政権と結託して財産を私利私欲に乱用している」と激しく追及した。いわゆる「宮内省怪文書事件」である。

ここで、『知命と立命』に登場する薩摩人を紹介する。

薩摩浪人の小森雄介については第二章で紹介したほかに、その人物像について注目される証言がある。鹿児島出身で開戦時と終戦時の外務大臣だった東郷茂徳は第二章四で紹介したが次のように語っている。

「小森は後藤新平の秘書官になった後、満鉄の理事待遇を経て代議士になった。牧野伸顕、床次竹二郎、松方幸次郎らと親交があり、小森邸には北一輝、西田税、大川周明などの右翼思想家、出口王仁三郎《でぐちおにさぶろう》ら宗教人の顔もあった」(『祖父東郷茂徳の生涯』一五五頁)

この証言は、薩摩人の牧野らが右翼思想家らとつながっていたことを示している。

宗教人の出口王仁三郎とは大本教の教祖で、霊界による信者普及を推進していた。政府は不敬罪や治安維持法違反などで大正一三年と昭和一〇年の二回にわたって摘発した。これは「大本教事件」と呼ばれている。

島津治子の不敬罪による逮捕の背景には、大本教事件との関連も推察される。

余談だが、鹿児島県で戦後、婦人会会長などの要職を務めた山路澄子は小森雄介の娘である。

ちなみに沼波瓊音《ぬなみけいおん》は東大国文科卒で日本精神研究を続けた右翼の俳人で、俳句や随筆などの作品を当時、発表していた。また杉浦重剛《すぎうらじゅうこう》は、東亜同文書院長等を経て、大正三年に東宮御学問所の御用掛になり倫理をご進講していた。

当時の国政は加藤高明内閣に続く若槻礼次郎内閣で、与党の憲政会、野党の政友会、政友本党の三党による連立内閣だった。このうち政友本党は鹿児島出身の床次竹二郎が総裁だった。牧野と床次は同じ鹿児島人でありながら親密ではなかった。『牧野伸顕日記』に床次はほとんど登場しない。

平成二九（二〇一七）年三月に発行された『昭和天皇実録』では島津が三三回登場する。第五章で詳細を紹介する。

二、薩派攻撃の怪文書事件

島津治子が宮中入りしてから薩派を攻撃する二つの事件が起きた。「宮内省怪文書事件」

と「十五銀行怪文書事件」であり、どちらも大正一五（一九二六）年に起きている。

右翼思想家や大陸浪人たちが薩派を攻撃するビラをまいたもので、ビラに書かれた驚愕の内容に、薩派の人物はもちろん、宮内省、財界、政界も震え上がった。

これらの事件で逮捕されたのは右翼思想家の北一輝、西田税らだった。二件の怪文書事件の聴取書と尋問調書には薩派の人物が多数登場する。

宮内省怪文書事件では松方正義、牧野伸顕、市来乙彦が登場。十五銀行怪文書事件では原田政治（準薩摩派）、床次竹二郎、市来乙彦、松方乙彦、松方五郎、前田青莎（前田正名の甥）が登場する。原田を除く七人はすべて薩派の有力者たちである。

当時日銀総裁だった市来は、双方の怪文書に登場する。また十五銀行怪文書事件で登場する前田青莎は、明治期の農商務大臣、前田正名の甥で東宮侍従として宮中に仕えていたほか、松方一族のグループ会社、国際信託株式会社の会長を務めていた。

市来、原田、前田は東京地方裁判所から証人尋問に呼ばれた。牧野の尋問は混乱を避けるため東京芝区三田台町（当時）の内大臣官邸に判事が出向いて行われた。

宮中にいた島津はこれらの事件の動向を注視していたに違いない。

二つの事件は密接に薩派と関連している。

まず「十五銀行怪文書事件」から概要を紹介する。

十五銀行怪文書事件は「皇室金庫を薩派の盗蝕《とうしょく》（盗み食い）より防護せよ　十五銀行の乱脈破綻」という見出しで、十五銀行は松方一族に対する不良貸し付けと床次竹二郎に二〇〇万円の組閣費用を融資した。牧野伸顕は十五銀行の経営破綻前に皇室金庫を引き揚げた、というものだった。

この怪文書事件の解決に政治浪人、原田政治が登場する。仲介にたった原田は北一輝へ解決金として五万円（現在の金額で五〇〇〇万円程か）を渡した。この事実は原田が東京地裁で証言している。

事件に関与した薩摩人の市来乙彦は、日魯実業株式会社の社長を経て、大正一二（一九二三）年九月五日から昭和二（一九二七）年五月一〇日まで日銀総裁に就任していた。日銀を創設した松方正義と太いパイプがあった。

この時期は島津治子の女官在任中と重なる。市来は日銀総裁として十五銀行の多額な不良債権の存在を認識していた、と推察する。

昭和二年五月一六日、日銀総裁辞任直後に市来は事情聴取された。市来の辞任理由はこの事件への関与である。

市来の供述概要を次に紹介する。当時市来は五六歳だった。

①政治浪人の原田政治という人は知っている。原田はこのような方面の人（右翼思想家）と接触する人であるから、原田に解決方法を頼めばよいと言った。
②原田から聞いた話では、支那（中国）で事業をする資金として五万円が必要である。
③床次の組閣費用の件は事実と異なる。ただ、ある人が十五銀行の横浜支店に預金させるから、その金を自分に貸してほしいと依頼してきた。横浜支店は、預金するなら金を貸す、という書面を渡した。このことで横浜支店長が本店へ承認を求めてきたので、その書面を取り戻し、金は貸さなかった。

実は、この資金が組閣費用（買収資金）だった、と推察する。

傍線の「ある人」とは松方系一族の人物で、この人物が別の金融機関から借り入れして、その金を十五銀行横浜支店に預金するというシナリオを描いていた、と推察する。結局このシナリオは失敗し、床次は総理大臣になれなかった。

次に十五銀行頭取、成瀬正恭の事情聴取の概要を紹介する。成瀬は当時六〇歳だった。成瀬は次のように供述した。文末の（　）内は著者による。

①十五銀行の預金量は、大正一四年頃は三億五千〜六千万円でしたが、昨今は二億二千〜三千万円と思います。

（証言したのは昭和二年五月一二日であるが、約二年間で預金量が一億円余り減ったことを認めている。しかしこの証言は日銀の後年の立ち入り調査の金額と異なり、減少額はより多額であった。拙書『昭和金融恐慌と薩州財閥』参照）

②融資している会社の社長は薩摩人であるが、担保を取らずに融資していない。（この証言も事実と異なる）

③怪文書問題の解決に市来乙彦が関係したことはない。

（この証言は明らかに事実と異なる。市来は後述する証人尋問で、事件解決の関与を認めている）

十五銀行は薩州財閥の機関銀行で、成瀬は松方系企業の取締役に就任するなど松方一族の子飼いだった。成瀬はこの時期、薩化した人物の一人でもあった。

北一輝も事情聴取された。北は当時四五歳。北の供述内容を抜粋して紹介する。

①組閣すべき人（床次）は金がなければならない、また人柄も高くなければならないが、床次は金がないので組閣者（総理大臣）としては不適当である。

②大正一五年一月、原田政治が突然私のところに来た。原田は、怪文書をまかれては財界が混乱する。十五銀行には四億円の預金があり、預金者に迷惑をかける。金は十分出すから怪文書をまかないでくれ、と言った。私（北）は承諾した。

③原田が一〇〇円札で五万円を新聞紙に包んで持ってきた。これで怪文書の配布を抑えてくれ、と私の前に出したので五万円を受け取った。私は、皇室の金庫を取り扱っている十五銀行が、薩派により滅茶苦茶にされるとよくない、と思っていた。

市来乙彦の証人尋問

同年九月二七日、東京地方裁判所は「十五銀行怪文書事件」で市来乙彦の証人尋問をおこなった。市来の日銀総裁の在任期間は、松方一族が経営する十五銀行や川崎造船所（社長・松方幸次郎）が経営破綻した時期とも重なる。

また島津の女官在任期間とも一時期が重なる。島津がこの事件の動向に強い関心を寄せていたのは間違いない。

出廷した日銀総裁、市来乙彦の証人尋問を抜粋して紹介する。（　）内と傍線は筆者による。

判事　北一輝と知り合いか。

市来　出版物を出す際、援助したことあり、知り合いです。

判事　原田政治と知り合いか。

市来　時々私を訪問し、政治上、社会上、経済上の諸般の意見を述べたり、私の意見を聞いたりします。

判事　原田政治と北一輝は如何なる関係か。

市来　両人は友人らしく見えます。

判事　証人は日魯実業会社に関係していたか。

市来　大正八（一九一九）年四月から大正一一年六月まで社長をしていました。（日魯実業会社は宮内省怪文書事件でも登場する）

判事　峰村教平という人物に金を貸したか。

市来　大正八年頃、六〇万円貸し付けました（①）。峰村は御料牧場や山林を宮内省から払い下げる仮契約を締結していました。山林から伐採した木を枕木にして満州へ出すと相当の利益があがる、という計画でした。（この証言は宮内省怪文書事件と関

連する。六〇万円は現在の金額で六億円か）
判事　払い下げの認可に際して松方正義公爵に相談したか。
市来　そんな事はありません。
判事　峰村から、あなたと松方は二〇万円の提供を受けたか。
市来　絶対に金の提供を受けたことはありません。
判事　まかれたビラ（怪文書）にあなた、松方正義、前の宮内大臣牧野伸顕が不正に関与したように書かれているが、事実無根か。
市来　少なくとも私に関する部分は事実無根です。
判事　原田政治から、何か申し入れはなかったか。
市来　原田政治が私を訪ねて来ました。原田の話は金で解決できる場合もあるので、牧野さんと北に関係者と会って話をしたらどうか、ということでした。
判事　その後、原田は数回にわたってあなたを訪問し、同じような事を言ったか。
市来　そうであったかもしれません。
判事　その後も十五銀行の問題について関係したか。
市来　十五銀行の成瀬頭取（松方巌の後任頭取）が私を訪ねて来てビラの話をしました。預金の取り付け騒ぎが起きることになるので大蔵大臣へ考慮してもらいたいと頼みました。しばらくして原田政治が来て、北に会ってほしいということだったので、芝公園内にあった南州庵で会いました。その後十五銀行と最も密接な関係にある国際信託株式会社の前田青莎会長が私を訪問しました。私は原田政治を前田に紹介しました。

判事　その後、この問題はどうなったか知っているか。

市来　前田が金を支払って解決した旨を聞きました。

判事　金をいくら出したのか。

市来　五万円と聞きました。（現在の金額で五〇〇〇万円か）

判事　その金は誰が出したのか。

市来　前田自身と思いますが、確かなことは判りません。

判事　十五銀行の問題で前田が金を出す理由はなにか。

市来　判りません。

判事　当時、あなたはどんな立場にあったか。

市来　日本銀行総裁です。

判事　当時、十五銀行に対する■■はどうだったか。（■■は文字不明）

市来　不良の貸付が相当あり、銀行経営が将来困難に陥りはしないか、という疑惑をいろんな人が持っていました。

傍線①の六〇万円の貸付は、日魯実業が十五銀行から融資を受け、貸し付けた可能性がある。しかし詳細な事実関係は不明である。当時十五銀行では無担保融資が多数発生していたことは事実である。市来は宮内省怪文書事件と関連して十五銀行怪文書事件でも事情聴取を受けた。

日銀総裁が事情聴取を受けるという極めて異例な事態が発生していた、といえる。

原田政治の証人尋問

続いて同年一〇月五日、原田政治の証人尋問が行われた。

当時原田は二九歳、職業は無職と答えているが、北一輝ら右翼運動家とパイプがあり右翼で準薩摩の政治浪人だった。

原田の人物像については著書『論策・饒舌余瀝《じょうぜつよれき》』で原田自身が紹介している。

それによると原田は「中国の大連で小学校を卒業、大連埠頭で船舶荷物の積み下ろしする労働者へ賃金を渡す仕事をしていた。その後一七歳の時東京へ渡り、亜細亜文化協会（のちの金鶏学院）を設立した」と述べている。
　原田は、牧野ら薩派の有力人物と右翼思想家との連絡役だった、と推察する。

判事　ビラを受け取った後、市来乙彦を訪問したか。
原田　ビラを持って市来さんの所へ行きいろいろな話をしました。
判事　どんな話だったたか。
原田　私は市来さんから精神的にも物質的にも世話になっていました。当時市来さんは日本銀行総裁で、ビラに書いてあることで銀行界に変動が起きると市来さんは苦しい立場に立たれる、と思い同情して訪問しました。
判事　その後、証人はこの問題にどのように関係したか。
原田　北一輝を訪問した結果、被告（辰川、寺田）が北一輝の自宅に出入りしていることが判りました。
判事　南州庵で市来、北と会談した後、どんなことがあったたか。
原田　市来さんから、国際信託株式会社社会長の前田青莎が会いたい旨の連絡があり、紅葉館で会いました。
判事　紅葉館ではどんな話を。

原田　被告（辰川、寺田）は支那方面に関係している連中（大陸浪人）だと言いました。
判事　あなたは北一輝宅で北へ五万円渡したか。
原田　金が入った新聞包みを渡しましたが、いくら入っていたか判りません。
判事　誰がその金を北へ贈ったのか。
原田　新聞包みは前田から受け取ったもので、前田は十五銀行問題で騒いでいる連中は支那方面のことをやっている連中だから、騒ぎ立てずに支那へ帰ってもらいたい。そのため、少しであるが金を用意できたから先方へ届けてくれ、との依頼でした。
判事　金を渡すとき北とどんな話をしたか。
原田　これで十五銀行に対する運動を中止させる、金は預かっておくと申したような記憶です。その翌日北から、あのことは片付いたとの電話がありました。私はその旨を前田へ伝えました。
判事　前田から預かった旨を北に告げて金を渡したのか。
原田　そうであった、と記憶しています。

前田青莎の証人尋問

続いて同年一〇月二〇日、前田青莎の証人尋問が行われた。当時、前田は六二歳で、国際信託株式会社の会長だったが、職業は役員ではなく会社員と答えている。前述したように前田は明治初期に活躍した薩摩人、前田正名の甥で、薩摩閥の経済人だった。

判事　国際信託株式会社と十五銀行の関係は。

前田　十五銀行は国際信託株式会社の一番の大株主で、私の会社は十五銀行の採算信託会社ともいうべきで、十五銀行と最も密接な関係にあります。

判事　ビラを見てどう感じたか。

前田　事実もあり、また事実でないものもありました。このようなビラをまかれると天下の一大事と直感しました。十五銀行は多少不良貸付をして困っていましたが、そのうちに立ち直るだろうと信じていました。

判事　十五銀行の成瀬頭取に、金を使ってビラの頒布を押さえるように言ったのか。

前田　金のことは言いませんでした。しかし金で解決することは世間でありがちなことで、成瀬頭取も分かったものと考えます。

判事　それからどうした。

前田　日本銀行総裁の市来乙彦に相談しました。市来から原田政治を紹介してもらいました。

判事　原田とどんな話をしたか。
前田　被告（辰川、寺田）のことを聞きました。被告は支那ゴロ（大陸浪人）で、満州で事業をしているとのことでした。
判事　それから。
前田　私は原田に一切まかせるからすべてを片付けてくれ、と五万円の新聞包みを渡しました。
判事　五万円の金種は。
前田　すべて一〇〇円紙幣です。
判事　新聞包みに封をして渡したか。
前田　しなかったと覚えています。
判事　あなたの個人的なお金を渡したのか。
前田　十五銀行から五万円を借りてその金を原田に渡しました。
判事　その五万円は十五銀行へ返済したのか。
前田　私は松方乙彦氏に、十五銀行へ五万円返さねばならないから返済しておいてくれと申しました。松方氏は十五銀行へ五万円支払いました。借り入れの際に差し入れた手形は、十五銀行が私に返しました。その後、松方乙彦から四万円返してくれ、との話がありましたので、私はさらに、手形を入れ四万円を借り入れ、これを松方氏へ返しました。結局、私は十五銀行から四万円、松方乙彦氏から一万円借りたことになりました。後日、松方五郎氏から一万円の件も済ませた、という連絡を受けました。

判事　あなたが五万円を出すに至った理由は、ビラをまかれることに畏怖を感じたからか。

前田　そうです。ビラをまかれると十五銀行にとって大変なことが起き、私の国際信託会社も迷惑をこうむるので畏怖の念を抱き、金を出したのです。ただ、被告（辰川、寺田）の事業を補助する意味で金を出すという名目にすれば、彼らも気持ちよく金を受け取ることができ、こちらも恐喝されて金を出したことにならないので、事業補助の名目にしました。

判事　十五銀行は国際信託会社に不良貸付の責任を転嫁していたのか。

前田　実は十五銀行は六〇〇〇万円程の不良貸付をしていました。その処置を私の会社に信託していました。私の会社は債務者から工場などの担保を取り、債務者の事業を整理監督し、十五銀行へ支払うべき利子を取り、十五銀行へ渡していました。そんな訳で、私の会社は信託の業務をしただけで、利害関係は十五銀行にあります。

（注、昭和二年現在の十五銀行の要整理金は一億五七四四万円、このうち松方系企業への不良債権は七六六〇万円だった。前田の証言は事実と異なる。拙書『昭和金融恐慌と薩州財閥』五八頁）

判事　五万円で解決したことを十五銀行の成瀬頭取へ知らせたか。

前田　三週間後に話しました。

判事　その際、成瀬頭取はどんな挨拶をしたか。

前田　ああ、ありがとう、ぐらいの挨拶があったように記憶しています。

前田の証言の「五万円の借り入れと受け渡し」を図示すると下図のようになる。

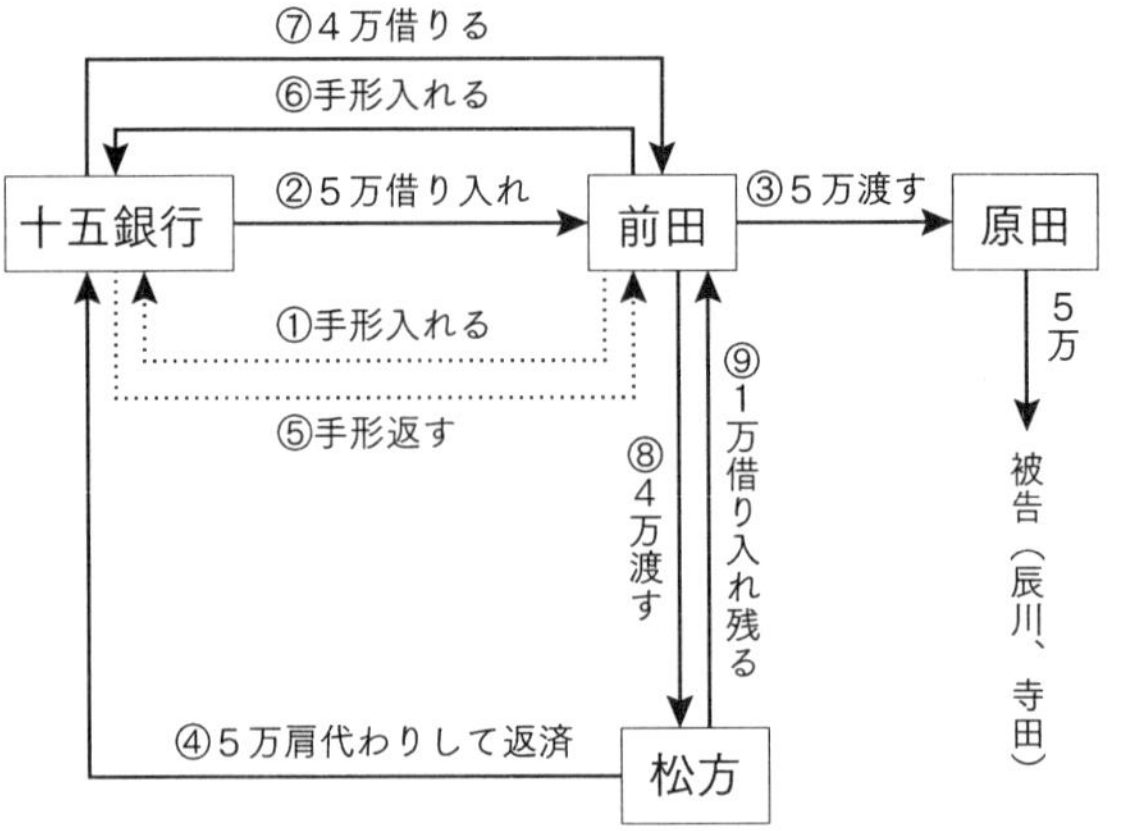

金の流れ

この証人尋問で、十五銀行からの借り入れに際して松方乙彦が登場する。なぜ突然、松方が登場するのか。想像される事案がある。

この時期、松方一族は十五銀行から個人名義の借り入れが総額七二四万円あった。このうち最も多額な借り入れをしていたのは松方乙彦で、その金額は二一〇万円だった。（拙書『昭和金融恐慌と薩州財閥』一一二頁）

松方は松方一族が経営する東京瓦斯株式会社の常務取締役だった。また、松方五郎は当時、松方一族が経営する常盤商会の社長だった。結局、松方一族がこの事件を金で解決に導いたことになる。

牧野伸顕の証人尋問

内大臣を務めていた牧野伸顕も証人尋問された。当時、牧野は六七歳の高齢だった。牧野の証人尋問は昭和二年一一月一五日、東京市芝区三田台一丁目五番地（当時）内大臣官舎で行われた。内大臣の牧野が東京地方裁判所に出向けば混乱することが予想され、判事が官舎へ出かけ、秘密裡に証人尋問が行われた。

牧野の証人尋問は前年（大正一五年）五月に起きた宮内省怪文書事件に関して行われた。

この事実は二つの怪文書事件が密接に関連していることを物語っている。

牧野の証人尋問の概要を紹介する。

判事　北海道の新冠《にいかっぷ》御料牧場内の立木を峰村教平に払い下げることについて、あなたはどの程度関係したか。

牧野　その問題に関係した記憶がありません。

判事　あなたが宮内大臣在任中の大正一一（一九二二）年七月二九日に、宮内省の主馬頭《しゅめのかみ》伊藤博邦と峰村教平との間で立木の売買契約が締結されたのではないか。

牧野　そのような契約が締結されているようですが、私の記憶にはありません。

判事　峰村教平と御料牧場長との間で締結された仮契約に、市来乙彦と峰村教平から証人に対して何か話がなかったか。

牧野　そのような話があったかどうか記憶していません。

判事　そのような件に関して故松方正義公爵から何か話がなかったか。（松方正義は二年前の大正一三年七月二日死去している）

牧野　松方公爵からは絶対にそのような話はありません。

判事　にもかかわらず、印刷物（怪文書）には松方正義公爵、宮内大臣であるあなた、市

牧野　来乙彦が巨額の賄賂（怪文書では一人二〇万円）を受け取り、峰村教平に立木の払い下げを許可した旨が掲載してあるが。
判事　そのようなことが掲載してあります。また私が何か不都合なことを働いたように書いてありますが、全く無実です。
牧野　印刷物の頒布を止める方法を講じるように、あなたへ申し出た者はいないか。
判事　久保田という者がそのような意味の手紙を届けたと記憶しています。
牧野　久保田を河井弥八（当時、牧野内大臣秘書官長を経て侍従次長）に会わせたのか。
判事　多分、そうだったと思います。
牧野　怪文書は随分過激なことを書いている。あなたは印刷物を見て恐怖を感じなかったか。
判事　むろんいい気持ちはしませんでしたが、恐怖は感じませんでした。

宮内省怪文書事件は、「北海道の皇室御料地の払い下げをめぐっての贈収賄疑惑で、大正一〇年から大正一一年にかけて日魯実業株式会社（社長・市来乙彦）から松方正義が二〇万円、市来乙彦が二〇万円、牧野伸顕が二〇万円収賄した」として、右翼思想家の北一輝や西田税らが怪文書をばらまいたものである。

北らは逮捕されたが、保釈された。仮に北を起訴すれば、松方らに不利な証言が表面化することで保釈した、と推察する。

第四章　宮中の動き

一、女官制度の改革

大正一〇（一九二一）年一一月二五日、天皇の病気療養のため、皇太子裕仁親王が摂政に就いた。摂政は天皇のすべての政務を執り行うもので、裕仁皇太子は宮中の女官制度の改革に着手した。守旧派の貞明皇后と改革派の裕仁皇太子の確執が本格的に表面化する。

こうしたなかで、大正一二年八月二四日、島津治子は宮中入りした。島津の身分は宮内省御用掛《ごようがかり》だったが、五カ月後の同年一二月に東宮女官長に就任。この異例のスピード出世には薩派の戦略があった。

宮中の昔からのしきたりや祭祀の手順など、島津は何も知らなかったはずである。貞明皇后は新嘗祭《にいなめさい》などの祭祀を重要視する天皇家の伝統的な生活を尊重していた。一方、裕仁皇太子はイギリスなど西洋の皇室制度を検討していた。二人の考え方が対立していたのは通説である。

こうしたなか、貞明皇后も大正天皇の病状、裕仁皇太子夫妻との関わり方などで迷いの日々が続き、宗教に救いの道を求めていた、と推察する。

古神道の世界に関心を寄せた貞明皇后は大正天皇が病に倒れてからは、神仏への帰依が本格化した。神道は東大教授で神道思想家の筧克彦《かけいかつひこ》が御進講する「神ながらの道」を信じ、仏は法華経に帰依していた。

当時の、皇后宮大夫であった広幡忠隆の証言が残されている。

「島津さんは一種の女丈夫で、皇后の御親類でもあったし、学校の先生をしておられたので古い慣習には関心がなく、気負って改革をやりました」（『孤高の国母　貞明皇后』三八〇頁）

この証言だけで判断すると、島津は改革を主張する裕仁皇太子派と思われる。しかし島津は、筧克彦の国家思想にも共鳴していた。筧の神道思想は、島津が入信した神政龍神会の思想とつながる。

余談だが、『古事記』や『日本書紀』によると、鹿児島県南さつま市にはニニギノミコトが住んでいた笠狭宮跡《かささみやあと》があり、薩摩川内市にはニニギノミコトの陵墓の可愛山陵《えのさんりょう》がある。古神道ゆかりの地である。

筧の古神道「神ながらの道」の御進講は、大正一三年二月二六日から五月二七日まで一〇回にわたっ

笠狭宮跡《かささみやあと》

て行われた。大正一二年八月、宮内省御用掛に任命された島津は翌一三年一月一二日に女官長に昇進した。「貞明皇后へ対する筧の御進講には侍従や女官も聴講していた」という記録もあり、この女官には島津も含まれていたはずである。

大正一五(一九二六)年一二月二五日午前一時二五分、大正天皇は四七歳の生涯を閉じた。『大正天皇御臨終記』によると、大正天皇の納棺(お舟入)の儀は法華経の儀式を取り入れ『南無妙法蓮華教』の文字が書かれた紙も納棺した、と書かれている。葬儀は、まさしく神仏習合の儀式であった、といえる。

二、裕仁皇太子と貞明皇后の対立

摂政となった裕仁皇太子は天皇の職務を取り仕切るようになり、女官制度の改革を進めたが、貞明皇后と考えが対立した。女官は未婚者で宮中に住み込む制度を主張する貞明皇后に対して、裕仁皇太子は通勤制で既婚者でもよい、と主張していた。

この対立は結局、「女官の通勤制は認めるが、人選は貞明皇后が決める」という形で決着したが、二人の考え方の乖離は長く続いた。少なくとも二・二六事件が発生した昭和一一(一九三六)年ごろまでは続いていた、と推察する。

昭和史の研究家には、貞明皇后は「昭和天皇より秩父宮をかわいがっていた」と分析する者も一部にいる。

島津治子はこのような複雑な宮中事情のなかで東宮女官長に就任した。既婚者で通勤する島津が女官長に就任したことは、裕仁皇太子の意思が反映したように見えるが内実は違った。

昭和二（一九二七）年五月現在の女官一覧を歴史家の小田部雄次氏がまとめている。同年五月一六日の読売新聞の記事をもとにまとめたもので、皇太后職の典侍《てんじ》や掌侍《しょうじ》は一九人、皇后職の女官は六人である（『昭憲皇太后・貞明皇后』二九三頁）。皇后の三倍以上の女官が貞明皇太后の側近として仕えていたことになる。なお「女官」という呼称は皇太后職では使われず、旧来のまま「典侍《てんじ》」や「掌侍《しょうじ》」と呼称されていた。

裕仁皇太子と貞明皇后の「宮中の在り方」についての対立は、「呼称の在り方」からも具体的にわかる。

島津は宮中の制度改革は裕仁皇太子に賛同したが、思想基盤は貞明皇后に共鳴していた、と推察する。このような宮中事情が島津の苦悩の要因にあった。

三、女官解任の経緯

大正一三（一九二四）年一月二六日、裕仁皇太子と良子女王が結婚、これに先んじて島津治子は東宮女官長に昇進した。そして二年後、大正天皇が崩御すると裕仁皇太子が天皇に即位。島津は皇后宮女官長心得の辞令を受けた。当時四八歳の島津にとって、表向きは異例の抜擢だったが、薩派としては予定通りの人事だった。皇后宮女官長の地位は当時の県知事と同列の階級で、女子公務員としては最高のポストだった。

裕仁天皇は結婚を契機に女官制度の改革を本格的に進めていたが、これによって貞明皇太后との間に深い溝が生まれた、というのが通説である。宮中の在り方について二人の考えは一致していなかった。

島津は、二人の確執を当然知っていた。

島津はこれまで東宮女官長でありながら、一方では貞明皇后が関心を示していた「神ながらの道」などの古神道の御進講には陪席していた。

古神道とは外来宗教の影響を受けずに日本に存在していた宗教で、私たちは神様から「体と魂」を授かっている、という思想である。幕末から明治にかけて流行した「新宗教運動」

と専門家は解説している。古神道は大本教や神政龍神会にも影響を与えた。

宮中祭祀の取り扱いなど、島津にとって在任中は「迷いの日々」だった。

島津が退任する直前の記録を侍従次長の河井弥八が書き残している。

昭和二（一九二七）年三月六日の河井の日記には「侍従長より島津治子の進退問題の詳細を告げられる」と書かれ、翌七日には「内大臣（牧野伸顕）に面会す。主として女官長問題に付き内大臣より顛末《てんまつ》を告げられる」と書かれている。

島津の退任は「表向きは夫の島津長丸の死去に伴うもの」と言われているが、宮中では侍従長や内大臣などが協議しなければならない程の重要問題に発展していた、と推察する。

島津はこの九日後の昭和二（一九二七）年三月一五日に辞表を提出した。

島津は約四年間、宮中に仕えた。島津の退任の事情は「侍従次長・河井弥八日記」、『牧野伸顕日記』、『昭和天皇実録』を重ねて読むと真実が浮かび上がる。

島津の退任から一〇日後の昭和二年三月二五日、「侍従次長・河井弥八日記」には次のように書かれている。（傍線は筆者）

三月二五日（金）
関屋次官（関屋貞三郎宮内次官）が訪問する。島津前女官長の赤坂離宮伺候の弊害を切言された。又各種の関係に付、すこぶる精密なる注意あり。感謝に堪へず。

日記には「弊害」「切言」「注意」など尋常でない文字が並んでいる。島津は退任から約九年後、不敬罪で逮捕されるが、逮捕の遠因はこの時期から芽生えていた、と推察する。松本清張は『昭和史発掘第八巻』のなかで、「島津治子の女官長退職が彼女の不遇であったとすれば、このへんに神政龍神会への入信の動機があったかもしれない」と書いているが、不遇の具体的な内容は書かれていない。

不遇の具体的な内容とは、昭和天皇と貞明皇太后のさまざまな確執だった、と思う。二人に仕えていた宮中の女官の間でも、昭和天皇派と貞明皇太后派の対立に発展していた。また「島津を昇進させて退任させる」という極めて異例な対応をした背景には、内大臣の牧野伸顕の存在があった。そのことが昭和二年三月一五日の日記に書かれている。（傍線は筆者）

三月一五日（火）

一〇時、牧野内大臣より電話にて、女官長が約（約束）の如く九時に来訪せざることを照会された。よって取調べたるに、今朝、参内拝謁（①）の後、内大臣を訪ねると云う。

午後、木下事務官は島津女官長心得の依頼を受けて、家事上已《や》むを得ざる理由を以て辞表を出した。よって辞表を宮内省に持参し、大臣に提出し、最優遇の途を講ぜられんことを求む（②）。

一方、『昭和天皇実録第四巻』には、昭和二年三月一五日、宮内大臣の一木喜徳郎《いっききとくろう》が昭和天皇に謁見し、島津の辞表を上奏して裁可されたことが書かれている。

島津はこの日、昭和天皇に謁見していない。宮内大臣から謁見を阻止された、と推察する。つまり傍線①の参内拝謁は実現できていない。

結局、島津の解任は「三月一五日付けで皇后宮女官長に昇進させ、同日辞任させる形」で決着が図られた。傍線②の牧野の意思は実現できた。

宮内庁書陵部には島津治子が書いた辞任届が今も残されている。

辞職願には家事の都合上、職務に専念することが困難であるため辞任したい旨が本人の自筆で書かれている。（写真1参照）

宮内省は辞表提出を受けて、同日付けで皇后宮女官から皇后宮女官長に昇進させて依願免官している。写真2はその時の文書で、同日付けで裁可されている。このように、「昇進させ、「辞職させる」という極めて異例の優遇措置が執られたのである。

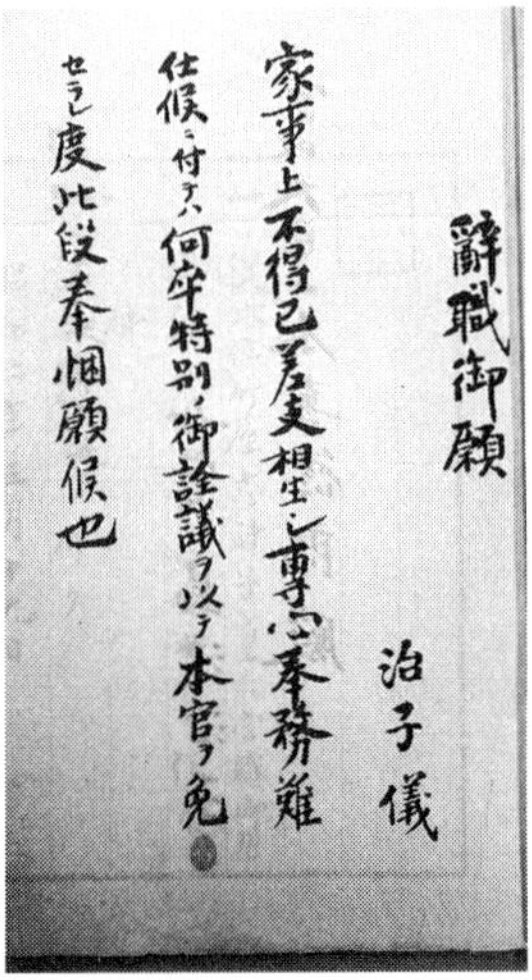
辞職御願

治子儀

家事上不得已差支相生シ専心奉務難

仕候ニ付テハ何卒特別ノ御詮議ヲ以テ本官ヲ免

セラレ度此段奉悃願候也

写真１　辞職願

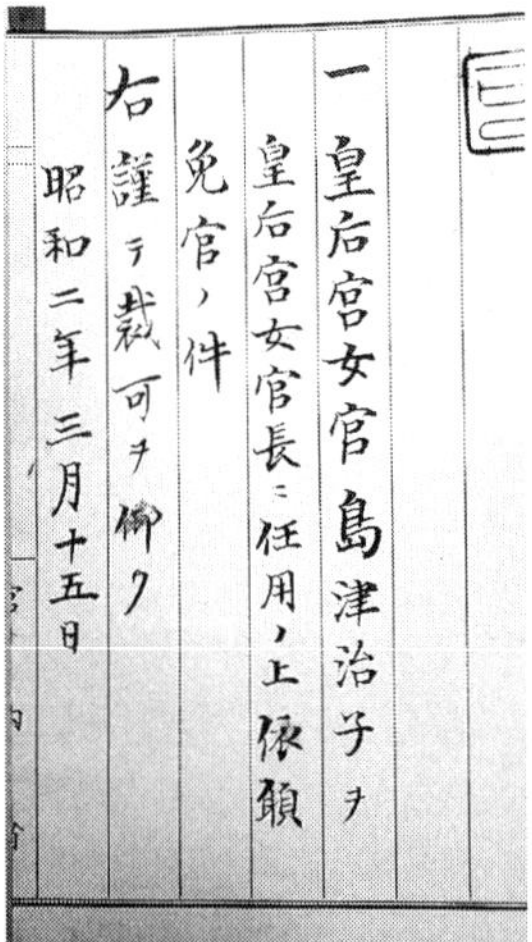
一　皇后宮女官島津治子ヲ

皇后宮女官長ニ任用ノ上依願

免官ノ件

右謹テ裁可ヲ仰ク

昭和二年三月十五日

写真２　皇后宮女官長へ昇進の文書

第五章　記録から読み解く島津治子

一、「侍従次長・河井弥八日記」の検証

侍従次長の河井弥八の日記は、岩波書店から出版された『昭和初期の天皇と宮中』の中に収められている。

河井弥八は静岡出身の官僚で、昭和元（一九二六）年に内大臣府の秘書官長になった。その後、昭和五年から七年間、皇后宮大夫兼侍従次長になり昭和天皇と香淳皇后の側近として仕えた。宮中で島津に近いところにいたため、島津の動静について日記に詳しく書かれている。同書をもとに、島津の解任までの経緯を検証する。

水面下の解任工作

島津は辞任ではなく解任であり、水面下では着々とその準備が進められていた。この事実が「侍従次長・河井弥八日記」で詳しくわかる。

島津の解任工作は昭和二（一九二七）年三月一日から始まっている。

この日の日記には、「関谷貞三郎《せきやていざぶろう》宮内次官の夫人が河合侍従次長宅を夜に訪問し宮廷内部のことについて種々談話した」とある。次官の夫人が夜に訪問し、単なる談話でなく「種々

談話した」との表現に深い意味が隠されている、と推察する。そして種々談話の内容は島津の件であったことが、その後の日記（三月四日以降）からも推察できる。

「侍従次長・河井弥八日記」を現代訳で紹介する。傍線と（　）内は筆者による。

昭和二年三月一日（火）

関屋夫人、夜来訪する。宮廷内部のことに付、種々談話あり。

日記によると、関谷夫人は三月二五日夜も河合侍従次長を訪問し種々談話している。同日の昼間は関谷次官が河合侍従次長を訪問して、島津女官長の「弊害」を切言している。島津解任の仕掛人は関谷次官夫妻だった、と推察する。

三月四日（金）

島津女官長、油小路蒙子《あぶらこうじもうこ》、山岡淑子《やまおかよしこ》両女官に面会する。新任侍従も面会する。珍田《ちんだ》捨《すて》巳《み》侍従長より、侍従職、皇后宮職に関する重要事件に付相談を受ける。結局、一木大臣と協議して決定の上、奉答することとする。

大森男爵（大森鐘一男爵）が昨夜一一時五五分薨去する。よって本日、旭日桐花草を賜はり、祭祀料を下賜された。又御料理を三階より賜はる。夕刻、弔問す。
午後四時、侍従長と共に聖上陛下（昭和天皇）に拝謁する。重要事項についてなり。
終了後、皇后陛下にも拝謁する。

この日の午後四時の拝謁で、河合侍従次長は島津の解任を上奏したと思われる。

三月五日（土）
岡本事務官より、皇后宮職（島津治子）に関する重要事項に付、説明を聴く。

三月六日（日）
午後一時三〇分再び参内した。珍田侍従長、一木宮相及関屋次官と会談した内容を報告する。侍従長より島津女官長進退問題の詳細を受ける。侍従長は、三時、竹田宮家へ伺候の為出発する。

三月七日（月）
午後、内大臣（牧野伸顕）に面会する。主として女官長問題について内大臣より顛末を告げられた。

三月八日（火）

八時四五分、関屋次官を訪問した。次官と共に宮相官邸に至り女官長（島津治子）問題に付協議する。珍田侍従長は最初からこの問題を担当していた。意見の一致を見出だせなかった。

三月九日（水）

赤坂離宮にて昼食し、すぐに宮中に行った。侍従長室で宮相、次官、侍従長と重要問題を相談する。ほぼ意見の一致を見た。よって明日一時、牧野内大臣と会談することになった。

日記にある傍線の重要問題とは島津治子問題である。

三月一〇日（木）

午後一時、侍従長室で宮相、内府、侍従長、次官と会議する。その結果、女官（島津治子）進退問題が決定した。その時期について打合せした。

三月一一日（金）

午後一時、牧野内大臣を官邸に訪問した。昨夜訪問した小森雄介（鹿児島出身・政界の黒幕）、山之内一次（鹿児島出身・内閣書記官）へ島津治子の件を話したと云う。実行時期について打合せをして帰る。珍田侍従長と共に宮内省へ行き、大臣、次官に面会する。午後五時半、面会結果を伝えるため内大臣を訪問する。牧野内大臣は山之内氏からの手紙を示され、実行時期などについて、懇談した。

この手紙がどのような内容であったか不明であるが、島津の退任に同意する文面だった、と推察する。

同年三月一三日（日）

昨夕来の発展に関し協議の為、一〇時、大臣官舎に集合した。侍従長、次官と四人が充分審議した結果、既定方針（島津治子の解任）を変えないことに決定した。一二時散会。

同年三月一四日（月）
一〇時出勤する。天皇陛下より拝謁を命じられ、昨日の奉答の件について、更に詳細の理由を奏上した。陛下は御了解された。
赤坂離宮に帰り、島津女官長に面会する。

この日、島津治子は河合侍従次長から解任を伝えられた。

三月一五日（火）
一〇時、牧野内大臣より電話があった。用件は島津治子女官長が約束通り九時に来訪しないため照会された。よって取調べたところ、今朝、参内拝謁の後、牧野内大臣を訪問する、と述べた。
午後、島津女官長は「家事上已《や》むを得ざる理由」で辞表を出した。よって辞表を宮内省に持参し大臣に提出した。最優遇の措置を執られることを求めた。
一木宮相が参内した。島津治子女官長心得の辞表奉呈について、優遇し任官の件を上奏し御裁可を得た。任官の身分は皇后宮女官長（二等、一級俸）叙正五位、勲四等宝冠草に昇任した。

午後九時より、竹屋志計子御用掛の来室を求め、木下事務官と共に、女官に転任し、皇后宮御用主務となることを力説し、午後一一時、その承諾を得た。

竹屋志計子の女官就任要請は、深夜まで行われ、難航したことがわかる。結局島津の後任女官長には公家出身の竹屋志計子が就任したが、竹屋の姉の津根子は貞明皇太后の女官長を務めており、裕仁天皇と貞明皇太后の考えを融和させる人事だったといえる。竹屋志計子はこの後、昭和一三（一九三八）年まで女官長を務めた。

三月一六日（水）

島津前女官長へ勲章及位記を伝達する。

皇后陛下に拝謁し、島津前女官長御礼の件、女官制度の件、其他の件を上奏す。秩父宮殿下に拝謁する。

島津の退任を秩父宮殿下に報告したと思われる。通説では貞明皇太后は昭和天皇より秩父宮殿下と親しく接していた、といわれている。

三月一七日（木）

島津前女官長へ賜金（一万円、七千円）、賜物、両陛下より、蒔絵手筥一個、象牙彫製鸚鵡《おうむ》置物、御紋章付金時計、鎖共（之は目録）あり。両陛下御列席にて、天皇陛下より下賜の由、御言葉あり。又皇太后陛下より銀花瓶（御紋章付）、縮緬一疋を賜はる。午後六時、両陛下より島津前女官長へ晩餐を賜ふ。河井、竹屋、油小路も出席す。

これらの日記から島津治子は解任されたことがわかる。

当時、牧野は内大臣だった。しかし解任の実行部隊は非薩派で、水面下で協議されていたことがわかる。

水面下の協議メンバーは宮内大臣（宮相）、次官、侍従長らで、着々と進められていた。そして解任協議の起点となったのが三月一日の日記に書かれている「関谷次官夫人の河合侍従次長宅訪問の中での種々談話」である、と推察する。

なぜ、夜間に、関谷次官本人ではなく夫人が河合侍従次長宅を訪問したのか。周囲の目をさけるため関谷夫人に河井侍従次長宅を訪問させた、と推察する。

島津はその後、不敬罪で逮捕されるが、不敬の内容は「昭和天皇が近いうちに崩御し、高松宮殿下が即位する」という発言だった。しかし不敬事実の詳細を新聞各社は報道していない。

前述の『木戸幸一日記』にある「島津治子聴取書」で、不敬の具体的な事実を知ることができる。「島津治子聴取書」に記載された「高松宮殿下が即位すべき」という主張は、二・二六事件で昭和天皇の退位を求めた陸軍青年将校らの主張と基本的に共通している。

二、『昭和天皇実録』を読み解く

何回も登場する島津治子

島津治子の宮中での様子は、鹿児島の歴史家の研究からは見落とされているようだ。研究論文や書籍などは存在せず、島津の存在そのものを知らない歴史家もいる。

『昭和天皇実録』は宮内庁書陵部が発行した昭和天皇の伝記で、平成二年から編さん作業が始まり、平成二六年に完成し公開されている。

このなかで島津の名前が三三回も登場している。

最初に登場するのは大正一二（一九二三）年八月二八日の記録で、この日赤坂離宮で初めて裕仁皇太子（昭和天皇）に謁見した。島津の謁見に先立ち午前一一時二〇分、皇太子は宮内大臣の牧野伸顕と会い、その後、午後四時三五分、山本権兵衛と会っている。この日は島津を含めて三人の鹿児島人が裕仁皇太子に謁見したことになる。この時点では島津はまだ正式に東宮女官に任命されていなかった。

『昭和天皇実録』より主なものを抜粋し、要約して紹介する。（　）内は筆者による。

大正一三年一月一二日
　島津は東宮女官長の就任あいさつのため参殿し、裕仁皇太子に謁見した。
一月二七日
　裕仁皇太子は療養中の大正天皇をお見舞いに東宮仮御所（これまでは赤坂離宮と呼称）を出発し沼津に行啓された。この行啓のメンバーのなかに女官長の島津も含まれ、裕仁皇太子に供奉した。
二月五日
　この日の夕食に、東宮武官長の奈良武治とともに東宮女官長の島津が呼ばれ、ご相伴（会食）した。

三月一八日
在日アメリカ大使の帰国に伴う御会食に島津も陪席した。この御会食には外務大臣をはじめ宮内大臣の牧野伸顕も同席した。
一二月一三日
久邇宮邦彦王と俔子妃（島津家出身）の銀婚式の御使として島津が差し遣わされ、記念品を贈呈した。
大正一四年一二月七日
皇孫内親王（東久邇成子《ひがしくにしげこ》）の誕生で、御剣を賜う儀が行われ、島津が御剣を携え勅旨を伝えた。
大正一五年一〇月二日
東宮仮御所で裕仁皇太子と皇太子妃の食事に島津が呼ばれご相伴した。
この会食には東宮職御用掛の西園寺八郎も同席した。（西園寺八郎は西園寺公望の養子で『木戸幸一日記』の「島津治子聴取書」にも登場する）
一〇月七日
大正天皇と貞明皇后の御機嫌伺のため、島津が御使として葉山御用邸を訪問した。
（この時期、裕仁皇太子と貞明皇后は宮中の祭祀などをめぐって確執があった、と言

われている。このため島津が御使として遣わされた、と推察する）
一二月二五日
大正天皇が葉山御用邸で崩御した。
島津は東宮女官長として大正天皇の崩御や、その後、同月二八日におこなわれた践祚《せんそ》（皇位の継承）の儀など、すべての祭祀に参列した。
『昭和天皇実録』では、島津の肩書は「東宮女官長」ではなく退任前の「皇后宮女官長心得」となっている。

昭和二年一月二五日
島津は昭和天皇、皇后からの御使として貞明皇太后を訪問し、造花などを贈った。
二月一日
島津は夫の長丸が危篤（翌日に死去）につき、昭和天皇と皇后からお見舞いとして葡萄酒《ぶどうしゅ》を賜わる。
三月一五日
島津は皇后宮女官長心得としての辞表を提出。島津は皇后宮女官長に昇進し、即日免官となる。

『昭和天皇実録』によると島津は退任後、毎年少なくとも一回は昭和天皇に謁見している。最後に謁見したのは昭和一一年一月一七日で、天皇家より蒔絵、置物、時計を賜っている。そしてこの日は夕食をご相伴している。

島津はこの時期、すでに神政龍神会に入信していた。そして、この日から四〇日以内に神政龍神会事件や二・二六事件が起き、その半年後の八月二七日に島津は不敬罪で逮捕された。

二二年振りの謁見

昭和三三（一九五八）年四月一〇日、天皇皇后両陛下は宮崎から鉄道で鹿児島入りした。地元紙の南日本新聞は、鹿児島駅に到着した様子を両陛下の写真とともに一面トップで報道した。

両陛下はこの日から三日間、岩崎谷荘に滞在した。

鹿児島入りの翌日の四月一一日午前一一時、島津治子は岩崎谷荘を訪問し両陛下と面会した。当時、島津は八一歳だった。

島津は午前一一時から一五分間面会した。

この時の様子は南日本新聞が同日の夕刊で報道している。

島津は皇后陛下から、「長く会いませんでしたが、お元気でしたか」「今後も身体に注意して長生きしてください」といたわりの言葉とともに、御下賜品を賜った。

この事実は『昭和天皇実録』第一二巻にも記述されているが、面会は両陛下の公式行事には入っていなかった。島津の面会は特別の配慮だった。

この後皇后陛下は、鹿児島に住む学習院出身の三人の女性と面会した。三人の女性のひとりは姶良町に住む山路澄子で、山路は「皇后さまは終始にこやかに話された。学習院時代のことをよく覚えていた」と語っている。

山路の父は第二章と第三章で紹介した小森雄介である。

三、『牧野伸顕日記』の検証

大正から昭和初期にかけて牧野伸顕《まきののぶあき》は、政府や宮中で要職を歴任した。

牧野は小型の手帳一三二冊を残し逝去したが、このうち九六冊が日記だった。

『牧野伸顕日記』は大正一〇（一九二一）年七月から昭和一三（一九三八）年二月までの

記録で、この期間、牧野は宮内大臣や内大臣を拝命し天皇の側近として仕えていた。日記は国会図書館で公開されており、宮中や政府の動きを知る手がかりになる。

『牧野伸顕日記』によると、大正一二（一九二三）年七月一一日、牧野は貞明皇后に拝謁し女官制度の改革について詳細な意見交換をおこなっている。この時期大正天皇は病気療養中で裕仁皇太子が摂政となり、天皇としての職務を遂行していた。女官制度の在り方について貞明皇后の考えが示されている。日記に書かれた記述を要約し現代訳で紹介する。

（ ）内は筆者による。

大正一二年七月一一日

皇后さまに拝謁した。女官の担当職務について、祭事や儀式と日常の職務を区別し女官のお世話係を人選すること。女官の職務の削減を申し上げた。皇后さまは「考え方はよいが、女官の職務の削減は考え直してもらいたい。いろいろ考えたが、新旧の女官が混在するのはよくない。裕仁皇太子が苦労することになる。裕仁皇太子が日頃から述べていることを実施すれば、旧女官の奉仕は困難になる。良宮様（皇太子妃、のちの香淳皇后）にも迷惑をかけるため、むしろ新しい女官を採用した方が良いとの考えである」という話だった。

これに対して牧野は「このような大きな責任を受ける人は、なかなかいない。祭事や儀式の習得は直ぐにはできない。お許しを頂ければ、祭事担当の女官は兼任で職務にあたることを申し上げた」

一方、皇后さまは「自分も最初は旧女官に担当させることを考えたが、いろいろな事情を考慮すると得策ではないと思った。また新旧女官の調和は、自分も経験したが大変な心痛が伴う」という考えだった。

良宮様にはこのような苦労を掛けない方がよく、すべて新任の女官でなくてよいと思う。

祭事や儀式はそんなに難しいことではなく、誰か中心になる人物を決め、指示すれば統一することも可能である。日常の仕事にも支障はない。新嘗祭はこれからまだ一年も時間の猶予があるので、その期間に研修すればできないことではない。このほか普段のお祭りや書面の往復などは面倒なものではなく、月日を経ずに覚えることはできる。これらのことをすべて教えるため女官を派遣してもよい。祭事や儀式は自分が引き受けてもよい。決して心配ない。事務のことは自分にもわからない。女官は手慣れた者を数名派遣してもよい。極めて心深い配慮をいろいろ承った。

牧野は更に検討を重ねて言上する旨を伝え退出した。

この日、牧野は貞明皇后と女官制度の改革について具体的に話し合ったことがわかる。牧野は翌日（七月一二日）、二位局の柳原愛子（明治天皇の側室）を訪ね、貞明皇后との協議の結果を伝えた。柳原愛子は大正天皇の生母で裕仁皇太子の祖母でもあった。

続いて七月三〇日、牧野は裕仁皇太子を訪問し、貞明皇后の考えを伝えて了承を得た。これで女官制度の改革問題は決着した。

ところが「この了承」は裕仁皇太子にとって「不本意な了承」だったことが、その後の日記でわかる。

二日後の八月一日、島津治子が宮中を訪れた。この日の日記には「委曲内談。質問もあり。大体受諾の意向なるが如し」と書かれている。

そして八月三日の日記には次のように書かれている。傍線と（　）は筆者による。

八月三日

葉山に伺候《しこう》。女官問題の形行大略を言上す。ついては将来奥との連絡疎通の大切なるを申上げたるに、新旧相容れず衝突のあり得べき云々の御断言ありたるに付、調和的態度の必要を陳上す。（葉山とは葉山御用邸のことで裕仁皇太子の意味）

この日、裕仁皇太子は再び新旧女官が衝突することを断言している。裕仁皇太子は貞明皇后と牧野の提案に否定的だったことがわかる。この後、第二章で紹介した同年八月七日の日記に続く。再掲する。（傍線は筆者）

大正一二年八月七日

治子夫人承諾の旨、長丸男より電答あり。大に安心せり。此にて殿下御婚儀関係の重要事項内定。特に臨時の出来事現出せざる限り諸事先づ御始〔首〕尾克く済せらるゝ事となるべし。心限りの快事なり。

日記を現代文に直すと、「島津治子夫人が女官就任を承諾する旨の電話が、島津長丸男爵《ながまるだんしゃく》よりあった。大いに安心した。これで皇太子殿下のご結婚関係の重要事項は内定した。特に臨時的な事柄がない限り首尾よく進むものとなる。うれしい限りの出来事である」

この時期、宮中の御用銀行は十五銀行で多額の不良債権を抱えていた。加えて頭取は松方正義の長男の松方巌で、薩派の中心人物の牧野は右翼テロリストの標的となっていた。

同年一一月一二日の日記に十五銀行問題が登場する。十五銀行の取締役、成瀬正恭《なるせまさやす》が牧野を訪問し意見交換している。

その内容は宮内省改革に伴い、宮内省の退職者を十五銀行や系列の会社へ再就職させることだった。薩州財閥と呼ばれていた十五銀行や系列会社は宮内省の余剰人員の受け皿となった。

さらに成瀬は、右翼攻撃により政変が起きることを心配し、松方巌頭取と自分の退任を申し出ている。しかもこの申し出は「突然の申し出ではなく、熟考の結果である」と伝えている。

結局、頭取の松方巌は退任したが、後任の頭取には成瀬を就任させている。松方巌の退任の表向きの理由は「父、松方正義が老境にあるため」だったが、水面下では「右翼の攻撃から避難すること」だったことが日記でわかる。牧野は松方正義を頂点とする薩派の中心人物だった。

一一月一四日、牧野は裕仁皇太子へ女官の人選の経緯などについて報告し、裕仁皇太子からは、何ら意見がなかったことを記述している。そして一二月五日、島津治子が正式に東宮女官長に任命された。

島津の女官長就任には、宮中でさまざまな動きがあったことがわかる。
この動きのひとつに裕仁皇太子と貞明皇后の確執があった。

無視された牧野の主張

『牧野伸顕日記』には、島津治子の宮中での動静も書かれている。また、島津治子逮捕に関係する記述もある。しかし、島津逮捕の牧野への情報伝達は長州閥の要人より遅かった。島津が逮捕された昭和一一（一九三六）年の日記は五月二五日から空白が続き、その後八月二八日につながる。八月二八日に牧野は初めて島津逮捕の情報を知った、と推察する。島津が逮捕されたのは二日前の八月二六日だった。

逮捕直後の『牧野伸顕日記』を現代文に訳して紹介する。傍線と（　）内は筆者による。

昭和一一年八月二八日

廣幡大夫《ひろはただいぶ》（大夫《だいぶ》は男性公務員の呼称）が約束通りに来邸。内大臣（湯浅倉平・長州閥）、宮内大臣（松平恒雄・会津閥）、侍従長（鈴木貫太郎・大阪）と相談の上、他人に知られたくない非公式な話を伝えるため来訪した。用件は次の通りだった。

高松宮家の見習いの侍女に対し聞き捨てならぬ密告者がいた。警察を通じて取り調べたるところ意外な事実を発見した。内偵を進めた結果、島津治子、高橋代議士夫人のむつ子、角田ツネ女等が極めて不穏の邪教迷信の行動の事実が暴露された。警察が徹底的に角田女等を糾弾したところ、不敬の言語を臆面なく語ったため、検挙した。

ついては島津の郷里（鹿児島）で釈放運動などが起こらないとも限らないので、事前に報告した。

島津長丸夫人の治子はかつて宮中の要職についていたので、今後宮中のことで供述することがあれば、すべてこれを記録しないことを打ち合わせした（①）。

また、本件の取り扱いは警視総監らがこれを担当し、できるだけ慎重に処理するので、安心していただきたいとのことだった。

島津らは神がかりして行動し、大本教と似ている考えも認められる。信仰の勧誘には催眠術を使っている。小生（牧野）は謝意を伝え、両大臣、侍従長に伝言を依頼した。

以上が非公式な話として報告があった、と推察する。

さらに木戸は、牧野が傍線部分①で「すべて記録しないことで打ち合わせしている」としたにもかかわらず、『木戸幸一日記』の昭和二年の頁に「月日不明」として「島津治子聴取書」を記録に残している。廣幡大夫が打ち合わせしたとある人物は内大臣の湯浅倉平（長州出身）、宮内大臣の松平恒夫（会津出身）、侍従長の鈴木貫太郎だった。しかも木戸は当時内大臣府の秘書官長だったが、地位は牧野より格下だった。

ただ、鹿児島出身の牧野は、昭和一〇年一二月二六日まで約一〇年間、内大臣だったが、この時はすでに退任していた。牧野の権力は表面上保持されていたが、実態は弱体化していたことがわかる。宮中で、木戸と湯浅の長州ラインが秘密裡に構築され、事案が処理されたことになる。

余談だが、戦前の行政組織では、内大臣、内務大臣、宮内大臣と似たような職制が登場する。略称で内府、内相、宮内相と呼称する。このうち内大臣と宮内大臣は内閣の構成員ではなく、内閣から独立した宮中に存在する組織だった。

大日本帝国憲法では皇室と国家は一心同体であり、換言すると政府と宮中が一心同体の国家体制だった。このうち政府に所属する組織は府中と呼称し、皇室に属する組織を宮中と呼称していた。

宮内省は宮中（天皇）の考えを代弁する組織だった。宮内大臣は宮内省のトップで、表《おもて》の存在。一方、内大臣は裏《うら》の存在で、天皇の秘書的な役割を担っていた。内大臣が支配する組織を内大臣府と呼称していた。

昭和一一年の『牧野伸顕日記』は五月二一日から始まっており、二月に起きた二・二六事

事件名	年月日
五・一五事件	昭和7(1932)年5月15日
牧野伸顕暗殺計画	昭和7(1932)年8月
神兵隊事件	昭和8(1933)年7月
栗原安秀主導の牧野邸襲撃計画	昭和8(1933)年9月
栗原安秀主導の元老重臣襲撃計画	昭和8(1933)年9～11月
皇国義勇隊員不穏計画事件	昭和9(1934)年6月
一一月事件	昭和9(1934)年11月
興国東京神命党事件	昭和9(1934)年12月
二・二六事件	昭和11(1936)年2月

牧野が殺害対象となったテロ計画

件なども書かれていない。二・二六事件の時、牧野は湯河原の温泉旅館伊藤屋に宿泊していたところを襲われた。牧野は勝手口から女物の着物をかぶって逃げたという。この時期、牧野はテロリストの暗殺対象だった。

昭和一一年の島津に関する記録は八月二八日の日記から始まり、その後、四回にわたって記録されているが、内容は状況報告である。このうち九月一四日の日記では薩派の山本英輔が牧野を訪問している。山本は島津治子事件に自らは関与していない旨を牧野に伝えている。しかし牧野は、山本の話を全面的に信用していない。この事件での山本の関与は濃厚だった、と推察する。

第六章　女官長解任後の動向

一、「大日本連合婦人会」初代理事長に就任

昭和初期、婦人運動は文部省主導の「大日本連合婦人会」、陸軍省主導の「国防婦人会」、厚生省主導の「愛国婦人会」があり、国策による官製婦人運動がそれぞれ独自に活動していた。

「愛国婦人会」は傷痍軍人などの救護などを行う厚生省主導の団体として活動。「国防婦人会」は、割烹着《かっぽうぎ》にたすき掛けして出征兵士を見送る活動を陸軍主導で推進していた。「大日本連合婦人会」は、昭和五（一九三〇）年一二月二三日、文部大臣官邸で創立総会が開かれ、島津治子が理事長に推挙された。

翌昭和六年三月六日、日本青年館で内閣総理大臣、文部大臣らが出席し発会式が行われた。全国から参加した二〇〇〇人の聴衆を前に、島津は理事長就任の挨拶をした。三月六日は良子皇后（香淳皇后）の誕生日でもあり、島津はこの日を「母の日」と定めた。現在、母の日は五月の第二日曜日であるが、終戦まで「三月六日が母の日」だった。

昭和七年一月、上海事変が勃発。また同年三月には満州国が建国され、愛新覚羅溥儀《あいしんかくらふぎ》が満州国皇帝として即位した。戦火が徐々に広がる中、割烹着にたすき姿の婦人たちが出征軍人

を見送る姿が各地で見られた。「国防は台所から」が国策のスローガンだった。花王石鹸がシャンプーを売り出したのもこの年で、当時の新聞広告には「せめて月に二回は髪洗いを……」と宣伝している。月に二回の髪洗いに驚くが、これは物資が逼迫していたことの証明でもある。

前述したように香淳皇后の母は島津忠義の七女俔子《ちかこ》で、島津治子とは従姉妹どうしだった。このため島津は宮中と極めて近い関係だった。香淳皇后の第四皇女、順宮厚子《よりのみやあつこ》内親王（後の池田厚子）が誕生すると、島津はすぐに宮中へ参内し祝賀している。

余談だが、順宮厚子内親王は平成一六年、鹿児島県薩摩川内市の可愛山陵《えのさんりょう》を参拝した。可愛山陵はニニギノミコトの陵墓で、池田厚子氏は伊勢神宮の祭主を務めていた。伊勢神宮は天照大御神の陵墓であり、『日本書紀』によると天照大御神の孫がニニギノミコトである。これらの事情から可愛山陵を参拝したと思われる。隣接する新田神社には池田氏が参拝した時の写真が飾られている。

機関誌「家庭」を創刊

昭和六（一九三一）年五月一〇日、大日本連合婦人会は機関誌「家庭」を創刊し一〇万部を全国に配布した。島津は「創刊を欣《よろこ》ぶ」と題して寄稿した。その一部を紹介する。

「家庭」大日本連合婦人会
機関誌（創刊号）

成人は原則として自分の教育を自分でなさねばなりません。内省的修養、その他自己教養の道は沢山ありますが、「読書が、まず第一」と私は思います。

ところで、その読書は心がけていても、なかなか出来難いものです。

型苦しい書物など容易に手に取る気がいたしません。勢い雑誌の類を多く読むということになります。それが人情です。しかし、現代に面白くて有益で、しかも上品な良い雑誌がどれだけあるでしょうか。ほとんど皆無と言って良いと思います。

幸い今日、多数の名士と賛助員の方々の御支援によって、ここに「家庭」が誕生いたしました。これこそ、母と娘が顔を赤むることなく、ともに読み得る雑誌であり、父たる人も祖父母たちも同じく紐解《ひもと》かねばならない雑誌であります。私共の大日本連合婦人会は現代の日本婦人に立派な家庭人であると同時に、立派な社会人になるため、様々な事業を今後行ってまいります。

この雑誌「家庭」もその一翼を担うことになります。

現代日本の家庭は、あるものはあまりにも先端的であり、あるものはあまりにも保守的であり、またあるものは愚昧混沌《ぐまいこんとん》としています。

これらをすべて正しい姿になおすことは至難とはいえ私共の畢竟《ひっきょう》の願いであります。私はこの「家庭」がその目的の為に尽すところが多大であることを期待し、心から創刊を慶んでいる次第でございます。

お茶の水家庭寮創設

昭和七（一九三二）年四月一〇日、大日本連合婦人会は文部省の支援を得て東京の本郷湯島に、女性の花嫁修業を目的とした「お茶の水家庭寮」を開校させた。

六カ月の修業期間で裁縫、料理、生花などを教えるもので、士族の子女三二名が入寮した。第一回の卒業式が同年一〇月二五日に行われ、花嫁候補が巣立った。当時の時事新報の取材に対して理事長の島津は次のように語っている。

「何分にも第一回で充分だとは云えませんが、主婦として必要な事は大体習得させた積りです。最も希望の多かったのは習字、裁縫で、これによっても女学校の教育の一端が分かります。（中略）家庭寮は手狭なので希望者全員を収容する訳に行かず、第一回生は全く東京に知己のない七名の方々のみ入寮して戴きましたが、将来は充分拡張して希望者全員を収容したいと思っています」

その後、「お茶の水家庭寮」は青山六丁目に移転した。移転地は大隈重信邸の前で、当時の青山脳病院のすぐ近くである。


お茶の水家庭寮が開校した年の五月、海軍の青年将校四人と陸軍士官候補生五人が総理大臣官邸に乱入、犬養毅総理に対し「問答無用」と叫び、ピストルで射殺した。いわゆる「五・一五事件」が起こった。この時期、世情はテロ事件の勃発などで騒然としていた。

この事件から一二日後の五月二七日、島津はお茶の水家庭寮の生徒を連れ、麹町に住む東郷平八郎を訪問した。この日は海軍記念日だった。

『大日本連合婦人会沿革史』によると、訪問の目的は「ご機嫌伺い」と書かれているが、海軍の青年将校が起こした五・一五事件も話題になった、と推察する。海軍には鹿児島出身者が多く在籍していた。

警視庁はこの時期に特別高等警察部、通称「特高」を新設し、共産主義者や右翼テロリストの監視を強めていた。島津が入信していた新興宗教団体の神政龍神会も、この事件から四年後に特高から摘発された。

二、活発な講演活動

昭和八（一九三三）年三月六日、神宮外苑の日本青年館など国内一〇カ所で「母の日大会」が開催された。この日は香淳皇后の誕生日であり、終戦まで三月六日が「母の日」だったことは前述した。島津は大日本連合婦人会の会長として講演した。

続く三月一七日、「万国婦人子供博覧会」が上野公園で開催された。開会式で島津は従姉妹にあたる久邇宮俔子《くにのみやちかこ》（香淳皇后の母）を招き式辞を述べた。

「万国婦人子供博覧会」は五月一〇日までの約二カ月間開かれた。博覧会のコンパニオンには全国から五〇〇〇人の女性が応募したという。

同年三月一〇日発行の雑誌「工政」は「万国婦人子供博覧会記念号」として特集を組み、祝賀会で挨拶する島津の写真や「注目すべき未来への啓示」と題した島津の講演を掲載している。講演の内容を再録する。

「注目すべき未来への啓示」

これまで我が国で数々の博覧会が開かれましたが、女性にとってこの上なく有意義である点、今度の万国子供博覧会ほどのものは未だかつてなかったと思います。

この万国婦人子供博覧会には、婦人と子供の常識と情操の向上を図るに適当なる参考資料や特色ある商品が、国内はもとより諸外国から無数に集まっています。ご存知のごとく、現代は、女性文化の発展史上において、世界的にある意味のひとつの頂点をなしている時期ではありますが、それだけにこの博覧会に集まってくるこれらの諸出品は、質量ともに極めて色彩豊かであって多種多様な未来への啓示を有しているに相違ありません。

したがって、すべての女性、特に家庭婦人にとってこの博覧会がその教養のためにどれほど良き研究の対象でありうるか、まことに計り知れないほどの価値があります。

この博覧会は、家庭における消費経済の改善を期することを目的としています。

国家は、今難局にあたって、その打開の道を国民更生の運動によりつつありますが、おおよそ消費経済に関する限り、その更生の鍵は大半婦人の手に握られているのであります。幸い博覧会は、この目的を有して我が国の婦人に対し家庭生活の更新のうえに十分役立つべき示唆と実質的指導を与えるのであります。

最後にこの博覧会での実り多き期待として、私は世界平和への貢献を挙げたいのであります。人類数千年の歴史にあって、婦人と子供は常に平和の人でありました。今度もここに、博覧会を通して世界の婦人と子供は、互いに暖かい心と心、手と手を結合させるのであります。そしてそのことは、現在の国際的不安を一掃する力にあると信じられます。

このような有意義な博覧会の開催によって、我が国の婦人が家庭教育と家庭教育更新のために研究と実践との良き機会を得て、国家のあるいは世界の平和のうえに多くの功績を捧げることができますように。

三、皇太子誕生を祝福

昭和八（一九三三）年一〇月一〇日、島津は宮中に参内した。そして大日本婦人連合会の活動に対して社会教育奨励の思し召しとして御下賜金を賜った。

同年一二月二三日午前六時三九分、皇太子殿下（平成天皇）が誕生した。

国民は誕生を心待ちにしており、誕生時にはサイレンを鳴らして知らせることになっていた。皇太子誕生の時は一分間のサイレンを二回、内親王誕生の場合は一回と発表されていた。
皇居二重橋前には大勢の市民が集まり、皇太子誕生のサイレンが鳴ると日の丸片手に万歳三唱し、国民の祝賀ムードは最高潮に達した。
島津はすぐに参内し両陛下に祝詞を述べた。

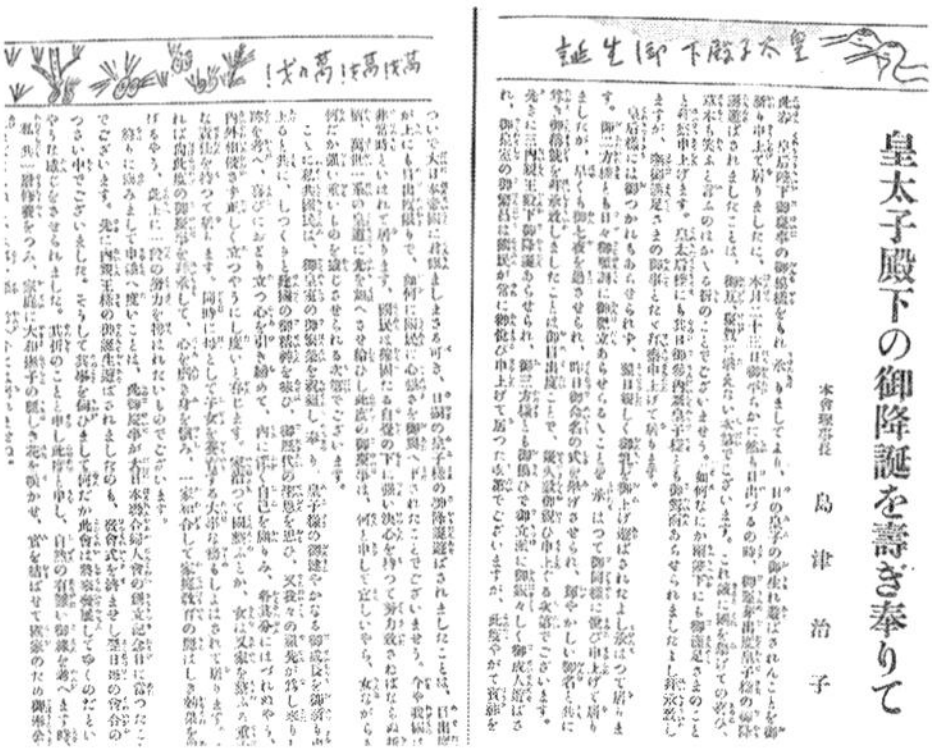

皇太子誕生を祝う島津の文章。昭和９年２月号「家庭」

機関誌「家庭」の昭和九年二月号には、久邇宮《くにのみや》家の玄関前を通過する提灯行列の様子とともに島津の写真が掲載されている。島津は皇太子が誕生したその夜に久邇宮家を訪れ、祝賀したことがわかる。

また同誌の昭和九年二月号に「皇太子殿下のご降誕を寿ぎ奉りて」と題した一、二〇〇字の文章を寄稿した。

これは皇太子が誕生した年の一二月に書かれているが、文章には皇室を尊敬する思いが綴られている。傍線と（　）内は筆者による。

皇太子殿下の御降誕を寿ぎ奉りて

本会理事長　島津治子

この春（昭和八年の春）、皇后陛下御慶事《ごけいじ》（ご懐妊）の御模様をもれ承りましてから、日の皇子（男子）の御生れ遊ばされんことを御祈り申しあげて居りましたところ、本月二三日、穏やかに然も日出づるの時、御運芽出度《ごうんめでたく》皇子様の御降誕《ごこうたん》遊ばされましたことは、慶賀に堪えない次第でございます。

これ誠に国を挙げての喜びであり、「草木も笑う」と言うのはこのようなことであります。両陛下にも御満足のことと拝察申し上げます。

皇太后様（貞明皇后）も参内《さんだい》し新皇子様とも御対面されたと聞いています。さぞや御満足様の御事と、ただただ拝察申し上げております。（中略）

今や我が国は非常時と言われています。国民は確固たる自覚のために強い決心を持って努力しなければならない時、万世一系の皇道に光を加えて頂いた此度《こたび》の御慶事《ごけいじ》は、女性でも強く重いものを感じさせられる次第でございます。

ここに私ども国民は、御皇室の御繁栄を祝福し奉り、皇子様の御健やかなる御成長を御祈り申し上げると共に、建国の御精神を味わい、御歴代の聖恩《せいおん》を思い、喜びに踊り立つ心を引き締めて、心に深く自己を顧りみ、心の内外を相侵さず正しく立つようにしたいと存じます。

家、治まって国整う、といいます。女は家を整える重大な責任を持っています。同時に母として子女を養育する大事な務めも背負っています。この度の御慶事を拝承して、心を磨き、身を慎み、一家が仲良く家庭教育の麗しき効果を挙げるよう、一段の努力を払われたいものでございます。

この御慶事は大日本連合婦人会の創立記念日でした。かつて内親王様の御誕生されたのは、母の日の会合の真最中でございました。ありがたい御縁を考えます時、私共は一層修養をつみ、大和撫子の麗しき花を咲かせ、実を結ばせて国家に御奉公申し上げねばならないと考えます。

皇后陛下がご懐妊して以来、男子が誕生するか女子が誕生するか、は大きく注目されていた。男子ならば皇位継承者となるが、女子ならば秩父宮殿下（昭和天皇の弟）が皇位継承者として浮上する。誰が皇位継承者となるかは国民の大きな関心事であり、五・一五事件や二・二六事件を起こした皇道派の青年将校は秩父宮殿下を皇位継承者にする計画だった。

島津は皇太子誕生（平成天皇）の二年後に不敬罪で逮捕されたが、不敬容疑は昭和天皇が近く逝去し、高松宮殿下（秩父宮殿下の弟）が天皇の地位に就くという流言だった。

四、ＮＨＫラジオに出演

東郷元帥を偲んで

昭和九（一九三四）年五月三〇日、病気で療養中の東郷平八郎元帥が逝去した。八六歳だった。

療養中の東郷へは全国から膨大な数の見舞い状が寄せられていた。当時の新聞には「トウゴウゲンスイデモシヌノ（東郷元帥でも死ぬの？）」という小学生の作文も掲載された。

逝去から一週間後の六月五日、国葬が執り行われた。

大阪中央放送局（現在のＮＨＫ大阪放送局）は数々の特別番組を放送し東郷元帥を偲んだ。島津が出演したのは六月二日午前一〇時三〇分からの番組で、「家庭婦人として感じた東郷元帥」と題し全国に放送された。

その番組が活字化され残されている。約四、四〇〇字あることから、一五分ほどの放送ではなかったか、と推察する。

内容は「東郷元帥は無口でありながらも心優しい人柄」や、「宮中の天皇の様子を東郷平八郎に伝えた時のエピソード」などを紹介している。また人間の生き方や生活態度などについて島津独自の考え方を述べており、筆者も共感するところがある。番組の概略を紹介する。

〈家庭・婦人の時間〉

東郷元帥―家庭婦人として感じたる

東郷元帥のような方がいらっしゃったということは、我が国の誇りであり国の宝でございました。しかし天命とは申しながら元帥がお亡くなりになりましたことは、国の大いなる損失であり、誠に惜しんでもあまりあるところでございます。私個人としても慈父と離《わか》れた寂しさを感じられてなりません。

偉大な東洋のネルソンと言われ、世界的に名高いお方様のことにつきまして私が話を申し上げますことは如何かと存じましたけれども、同郷のご縁もございますし、せっかく時間をお与えくださりましたことですから、少しばかり感じたことをお話しさせていただきます。

あの「維摩《ゆいま》の一黙《いちもく》（雄弁よりも沈黙に価値があるという意味）」ということがございます。東郷元帥は、だいたい黙ってお座りになっていて、何か良い感じを他人へお与えくださいました。私どもがお目にかかりました時は、お言葉遣いの少ない方だと存じました。けれども、たまたまお話しいただきますと、他の人がたくさん話してくだされた以上に強い感じを与えられました。これは、私ばかりではないと思います。

ご承知の通り、薩摩の先輩方もだんだん亡くなられまして、昔のことをお聞きする方も少なくなり、伺う機会もなくなりました。それで時折、私は元帥のところに伺いました時に、郷里の古いことでも聞かしていただこうかと思いましたが、あまり余計にはお話しくださいませんでした。

しかし「武士育ちはこんなものであったよな」と言って、いろんなことを話されました。ちょうど父親に何か聞かされているような心持ちで、いつまでも帰りたくないという感じでした。

そしていつも、きちんと礼儀正しく威風あるなかに穏やかな親しみのあるお態度でした。こういうところを若い婦人たちにも拝見させたいと思いまして、家庭寮の生徒たちに、時折玄関まで伺わせてお会いすることを願っていたような次第でございました。第一回の寮生は、ご一緒に写真を写させていただきまして、誠に幸せだったと申していました。昨日も寮でお噂を申し上げていたような次第でございます。

私が伺いますと、「近頃ご機嫌伺いに参内されましたか」ということをよくお聞きになります。「参内しました」と申し上げますと、ご機嫌はどうだったかとよくお聞きになります。そして非常によろしくあらせられることをお聞きになると、共々にお喜びくださいました。常にお上（天皇）のことは、念頭を離れていらっしゃらなかったようです。

一昨年お伺いした時、「近頃の若い人には『敬いの念』が欠けている。上の者に対してどういうふうにしたらいいか、下の者にはどうあらねばならないかというようなことをわきまえている人も少なくなった。自分たちの若い頃は、厳しいものだった」と語っておられました。

昨年伺いましたのは、ちょうど今頃でございました。ある方に頼まれましてご一緒に伺わせていただきました。そのついでに、有り合わせの白地の扇子を三本持って参りまして、これに一字ずつお書きくださいませんかとお願いしましたところ、さっそく硯をお持ちになられまして「誠」という字を書いていただきました。

今では、それが形見になってしまいました。元帥ご自身がお書きくださりました「誠」から出る言葉であったればこそ、人にも強い感じを与えることができると思います。本当に私どもの良いお手本かと存じます。

この良いお手本をどのように私どもが修養していったらよいかということをお話しいたします。

昔、毛利元就が子供に、人間はまっすぐでなければならないということを教えました。すると子供の一人が屏風を指して、「真っすぐになれば倒れ、曲《ま》がれば立つ」と言って曲《ま》げたことがございます。その通りに「実際と理屈」とは食い違いがよく生じます。世渡りはなかなか難しいですが、修養の順序は、「物事を正しく考え、正しく見、正しく言い、正しく聞く」ということを学ばなければなりません。この「正しい教え」の精神が行き届いていれば、世の中の変化に出会っても心を乱すことはないと思います。

このような考えが一般の家庭から失われていると思います。たとえば言葉ひとつに致しましても、自分の兄弟のことを平気で様付けで他人に話したりします。友達に話すような言葉遣いで、目上の人に手紙を書いたり相談したりすることはよくあります。「遠慮の仕方も分からない」ということです。

些細な事ですが、物事を軽く取り扱うことは非常に戒めなければならないことと思います。また「下を見て暮らせ」ということがございました。「上を見る一面には下を見る半面」がなければならないと思います。「天上の星に車をつなぐ」という教えがあると同時に、自分の立っているところの足元をよく見る必要があります。

自分より上のものばかり、生活程度の高い者ばかりを見ていると、不平を感じ、羨《うらや》みがでて、いろいろな間違いを起こしますが、自分より低い者や恵まれない者を常に見ていると「不平というもの」が起こりません。また、食うや食わずの人を見ていると、日々の生活にありがたみを感じることができます。病身の人や片輪の者を見ると、健康な自分の存在を喜ぶ心も起き、親に感謝するという考えも起きます。

このようなことについて、東郷元帥は非常に大事にお考えになっていたように私には思われます。そして、あの質素で恭《うやうや》しいお態度、誰にもご丁寧であり、本当の博愛を国民に与えられた「実行の人」と申してよいと思います。

世の中に「説いて聞かせる人」はたくさんいますが、「実行して見せる人」は少ないです。しかも実行しても、それがつくったものであることが多いです。東郷元帥は自然に我々に示してくださったと思います。

「秩序を乱さない」ということは誠に大切なことで、物事が正しく行われてこそ、一家も整い、一国も治まるのです。

国民が「自分のあるべき姿」に尽くすことを心がけなければならないと思います。人間は一面では平等ですが、地位がそれぞれ違います。そうである以上は、それ相応の作法を守ることが大事です。そこに人間の本当の値打ちもあると存じます。また生まれた以上、値打ちのある人間になりたいものです。

「菩薩の童心」ということを申します。東郷元帥のどこかにこの童心があると私は思います。「赤子の心に帰れ」ということをよく精神講話などで聞かされますが、大人が「赤子の心に帰る」ことはなかなか難しいことであります。

禅では「淡《あわ》になれ淡になれ」といって修養します。これもまた難しいことですが、元帥はそれを完全に示しておられました。本当に正しい親御さんから立派な教育をお受けになった方だと思います。そのような良いお手本を我々にお示しくださいました元帥も、お亡くなりになり拝見することができなくなりました。

しかし、私はその真心を持ったままなざしで、必ず私どもをどこかで見守っていてくださるに違いないと思います。私どもは修養を続け、元帥のお徳を永久に慕い、努力しなければならないと思います。

最後に、もう一言申し添えさせていただきます。

修養には「上下の区別」や「貧富の違い」がないですが、「上の者」が一層努力しなければならないものと思います。「上の好むところを下はこれに倣う」というのは、昔から変わらない法則と思います。

重しの効く時は、下はおさまりますが、重しがきかなくなると、下がゆるぎだします。このように、上が正しければ下は自然に正しくなります。

「太陽は高いところからだんだん照らして、低いところに及ぼす」

それが自然でございます。だから「上の者がまず良くなって、下を導く」ということにならなければならないと思います。だから、親としては「親がまず良くなり、子を導く」ことが大事です。

このように、下から見てお手本になるような者になることが大事です。

物を分配する時と違い、「人を導くには自分が先に良くなる」ことが大切だと思います。自分はこんなにつまらないものだが、「あなた方は良くなれ」ということでは、効果は上がらないもの、と考えています。

これらのことを考えて、十分お互いにこれから努めていきたいものだと考えている次第です。誠につまらぬことを申し上げまして、お聞き苦しかったと存じます。

この放送の三日後、東郷元帥の国葬が執り行われた。国葬にはイギリス海軍の重巡洋艦「サフォーク」、アメリカ海軍の重巡洋艦「オーガスタ」、フランス海軍の巡洋艦「プリモゲ」などが横浜港に来港。そして艦長らが上陸し葬儀に参列した。横浜港ではすべての艦隊が半旗をかかげ弔砲を発射し弔意を示した。

この時期、島津は全国に連合婦人会の組織拡大を進めていた。大日本連合婦人会の理事長として山形県などに出張。女性の地位向上の講習会に講師として出席し講演活動をおこなっていた。

翌昭和一〇（一九三五）年一一月七日、大日本連合婦人会に久邇宮《くにのみや》家の建物が御下賜された。この建物は「会員の修養場」として昭和二〇年まで使用されたが、残念ながら戦火で焼失した。

続く昭和一一年六月八日、島津らが建設を進める「女子会館」に対して御内幣金《ごないどきん》（天皇家のお金）三万円が御下賜された。

宮内省から送られた書状には、「今般女子修養ノ中心タル会館ヲ建設シ本邦女子教育ノ振興に資セントスル趣被、聞食思召ヲ以テ金一封下賜候事」と書かれている。

久邇宮家から御下賜された建物（昭和11年頃財団法人日本女性学習財団協力）

しかし、この二カ月半後に島津は不敬罪で逮捕された。これまでの島津の社会貢献活動はすべて一瞬にして水泡に帰した。

最終章　島津治子不敬事件への考察

一、退院時の様子と死亡記事

島津治子は、昭和三（一九二八）年一〇月二七日に一年三カ月の入院生活を終え、退院した。当時五〇歳だった。

退院時の様子を東京日日新聞が報道している。記事は「迷教の島津女史　明日いよいよ退院」という見出しで、入院中の様子を含めて伝えている。

島津は感応性精神病つまり妄想障害と診断され、第一病棟の八畳の特別室で生活した。入院当時は幻覚症状を見せ、迷妄の世界を呻吟《しんぎん》していたが、警視庁の金子医師が一〇月二五日に最終診断をおこない「治癒した」と判断。退院の手続きが取られた。

この二日後の一〇月二七日、島津は三鷹村（現・東京都三鷹市）下連雀に住んでいた島津忠丸邸に帰った。

その後の島津の消息は不明であるが、晩年は鹿児島市で生活していた、と思われる。

島津が次に新聞に登場するのは、四二年後の死亡記事であ

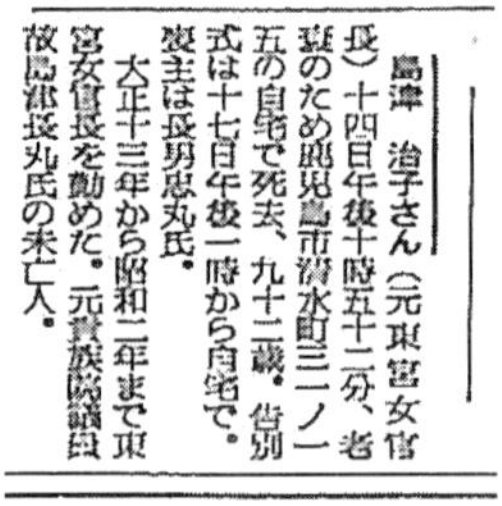
島津　治子さん（元東宮女官長）十四日午後十時五十二分、老衰のため鹿児島市清水町三一ノ一五の自宅で死去、九十二歳。告別式は十七日午後一時から自宅で。喪主は長男忠丸氏。
大正十三年から昭和二年まで東宮女官長を勤めた。元貴族院議員故島津長丸氏の未亡人。

朝日新聞（昭和45年2月16日）

る。

島津は昭和四五年二月一四日午後一〇時五二分、鹿児島市清水町の自宅で生涯を閉じた。九二歳だった。葬儀は神式で行われた。波乱に満ちた島津の生涯は、大正から昭和初期の激動の時代に翻弄されたものだったといえる。

薩摩と長州の権力争い、裕仁皇太子（昭和天皇）と貞明皇后の確執、右翼テロリストの薩派攻撃など、島津はこれらが複雑に絡み合った時代に宮中に入った。さらに女官制度改革を主張する昭和天皇、新旧女官との人間関係の複雑さに心身を疲弊させた。そしてその癒しを邪教に求めた。

島津は今、鹿児島県さつま町にある島津宮之城家の墓地の一角に眠っている。

宮之城歴史資料センターには島津治子の写真とともにその経歴が紹介されているが、不敬事件につい

歴代の宮之城島津家墓地

島津治子の墓地

ての記述はない。

二、封印・沈黙・忘却の事件処理

宮中に関する事件や宗教に絡む事件は未解明な部分が多い、といわれる。事件の性格上記録されることは少なく、明治から戦前まで政府は「封印し、沈黙し、そして忘却させる」という手法で事件を処理してきた。

歴史家の小田部雄次氏によると、読売新聞で「女官」を検索すると明治時代に一七九件、大正時代に一二四件、戦前までの昭和に六一件登場する、という。

しかし戦後になると、宮中（皇室）の女官関連の記事は登場しない。もちろん、個人情報や倫理などさまざまな問題もあるが、「封印」と「沈黙」の事件処理が今でも行われていると推察する。

島津は皇后の従叔母で女官長だったことから、周囲の人物から利用された。島津の事件はすべてが宮中と関連している。

松本清張の未完の遺作『神々の乱心』は、同氏の『昭和史発掘』での取材が原資料となっている。『昭和史発掘』は、昭和三九年七月から昭和四六（一九七一）年四月にかけて上梓された大作であり、清張はこのなかで島津治子事件を多角的に取材した。清張が注目したのは『木戸幸一日記』に書かれた「島津治子聴取書」だった。木戸が内大臣の牧野伸顕との約束を破り、事件を記録に残したものである。

清張が『昭和史発掘』を上梓してから五〇年になる。この間、鹿児島の歴史家の島津家研究はこの事件に触れていない。この事件について歴史家は沈黙し、封印しているように感じられる。

島津が宮中を去った後に発生した事件として、血盟団事件、五・一五事件、二・二六事件がある。

これらの事件は陸軍や海軍の皇道派と右翼グループが連携して起きた。そして、これらの事件に鹿児島人が深く関与していた事実もある。

血盟団事件では四元義隆ら七高敬天会グループから四人、五・一五事件では陸士中退の池松武志ら二人、二・二六事件では、陸士卒の丹生誠忠ら少なくとも二人が実行部隊として参加した。そして島津が信頼を寄せていた内大臣の牧野伸顕は、実行部隊の暗殺ターゲットだった。

東京にいた島津は、これらの事件の概要を聞いていたはずである。邪教に救いを求めた島津の行動は、迷いに迷った結末だった、と推察する。

まとめ――あとがきにかえて

大正から昭和初期にかけて、まさしく激動の時代だった。

この激動の時代を探る手掛かりとして、松本清張は昭和一一年に起きた島津治子事件を徹底的に調べた、と推察する。

松本清張は新興宗教、宮中、島津家、薩派政治家、右翼思想家という社会が関心を示す格好の素材で取材を進め、当時の世情を浮き彫りにしている。

特に新興宗教と宮中に取材を進めた松本清張の狙いは「タブーへの挑戦」であった、と思う。

『神々の乱心』に登場する女官は大正天皇の生母、柳原愛子を除けばすべて仮名である。本書で紹介した島津治子は分身として「足利千世子」と「萩園彰子」の名前で登場する。

島津治子事件の八〇年前、江戸時代末期に鹿児島の島津家で起きた「お由羅騒動」は久光派と斉彬派の対立が原因である、とされている。歴史家の研究も基本的に皆同じである。歴史家の最初の研究論文がそのまま通説として流布されている可能性がある。

仮に松本清張が取材を進めたならば、通説の裏に潜む「新たな史実」を発掘した可能性があった、と思いたくなる。私が「表の史実」より「裏の史実」や「勝者の史実」より「敗者の史実」に関心を示す理由もそこにある。

西郷隆盛と大久保利通の死後、薩摩は長州との権力闘争に敗北した。明治以降の薩派大臣一覧（第二章参照）が、そのことを示唆している。政府の権力を握った長州に対抗して、薩摩は宮中に接近し「天皇を錦の御旗」にする戦略をとった、と推察する。

内大臣として常に天皇の近くにいた松方正義が死去してからは、薩派の政治力は急速に低下した。

島津治子はこのような政治背景に加え、貞明皇后を起点とする宮中の確執が続くなかで東宮女官長を拝命し、邪教を信じ、そして退任に追い込まれた。

定年後、「松本清張記念館友の会」に入会した私は『昭和史発掘』を乱読しているなかで島津治子不敬事件を知った。事件の概要を知るために鹿児島県立図書館で当時（昭和一一年）の地元紙を閲覧したが、その扱いは小さく詳細を知ることはできなかった。地元紙の取り扱いに違和感を覚えた。編集方針が紙面構成に影響を与えたのだろう。だから私の取材は全国紙が拠り所になった。全国紙はスクープ合戦を展開していた。島津治子不敬事件は社会的に影響があり、加えて国民の共通の関心があったのだろう。

「誰のために報道するのか」というジャーナリズムの基本姿勢を地元紙は失っていたのかもしれない。それだけにこの事件は鹿児島にとって大きな衝撃だった、と言える。

令和の時代に入り、公文書改ざん問題をめぐって政府は、自死した近畿財務局の赤木俊夫さんが残した資料（赤木ファイル）の存在をようやく認めた。資料に不都合な記述があるため、これまで存在を認めなかったのだろう。

歴史研究は「資料の保存と精査」から始まる。

宮中、軍部、右翼、国政を巻き込んだこの事件の歴史家の研究を待ちたい。

付録に明治期から大正期までの内閣一覧を掲載した。西郷隆盛、大久保利通亡き後、薩摩閥が長州との権力闘争に敗れ、弱体化していく過程がわかる。

付録　歴代内閣一覧（明治・大正）

第一次伊藤内閣	明治十八年十二月二十二日成立 同二十一年四月三十日瓦解 期間二年四カ月		
黒田内閣	二十一年四月三十日成立 二十二年十一月二十四日瓦解 期間一年六カ月		
第一次山縣内閣	二十二年十二月成立 二十四年五月瓦解 期間一年五カ月	第一議会	二十三年十一月二十五日召集 九日間開期延長
第一次松方内閣	二十四年五月六日成立 二十九年八月二十八日総辞職 期間五年三カ月	第二議会	二十四年十一月二十一日召集 同年十二月二十五日解散
		第三議会	二十五年五月二日召集 七日間停会
第二次伊藤内閣 （元勲内閣又は井伊内閣）	二十五年八月八日成立 二十九年八月二十八日総辞職 期間四年一カ月	第四議会	二十五年十一月二十五日召集 十五日間停会、二日間延長
		第五議会	二十六年十一月二十五日召集 十日間、十四日間、停会

第二次 伊藤内閣 （元勲内閣又は井伊内閣）	二十五年八月八日成立 二十九年八月二十八日総辞職 期間四年一カ月	第六議会	二十七年五月十二日召集 同年六月二日解散
		第七議会	二十七年十月十五日臨時 広島に召集
		第八議会	二十七年十二月二十二日召集
		第九議会	二十八年十二月二十五日召集 十日間停会、二日間延長
第二次 松方内閣	二十九年九月十八日成立 三十年十二月二十五日総辞職 期間一年四カ月	第十議会	二十九年十二月二十二日召集
		第十一議会	三十年十二月二十一日召集 同年同月二十五日解散
第三次 伊藤内閣	三十一年一月十二日成立 同年六月二十五日総辞職 期間六カ月	第十二議会	三十一年五月十四日召集 十日間停会、七日間延長 同年六月十日解散
隈板内閣 （憲政薫内閣）	三十一年六月三十日成立 同年十月三十一日瓦解 期間四カ月		

第二次山縣内閣	三十一年十一月八日成立 三十三年九月二十六日総辞職 期間一年十一カ月	第十三議会	三十一年十一月七日召集 七日間延長
		第十四議会	三十二年十一月三十日召集 四日間延長
第四次伊藤内閣	三十三年十月十八日成立 三十四年五月二日瓦解 期間八カ月	第十五議会	三十三年十二月二十二日召集 十五日間、五日間、停会
第一次桂内閣	三十四年六月二日成立 三十九年一月七日更迭 期間四年七カ月	第十六議会	三十四年十二月七日召集 三十五年十二月五日召集
		第十七議会	五日間、七日間、停会 同年十二月二十八日解散
		第十八議会	三十六年五月八日召集 三日間停会、三日間延長
		第十九議会	三十六年十二月二十五日召集 二十八日閉院式當日解散
		第二十議会	三十七年三月十八日召集

第一次 桂内閣	三十四年六月二日成立 三十九年一月七日更迭 期間四年七カ月	第二十一議会	三十七年十一月二十八日召集
第一次 西園寺内閣	三十九年一月七日成立 四十一年七月四日総辞職 期間二年六カ月	第二十二議会	三十八年十二月二十五日召集
		第二十三議会	三十九年十二月二十五日召集
		第二十四議会	四十年十二月二十五日召集
第二次 桂内閣	四十一年七月十四日成立 四十四年八月三十日総辞職 期間二年十カ月	第二十五議会	四十一年十二月二十二日召集
		第二十六議会	四十二年十二月二十二日召集
		第二十七議会	四十三年十二月二十日召集
第二次 西園寺内閣	四十四年八月三十日成立 大正元年十二年五日総辞職 期間九カ月	第二十八議会	四十四年十二月二十三日召集

第二次西園寺内閣	四十四年八月三十日成立 大正元年十二年五日総辞職 期間九カ月	第二十九議会	大正元年八月二十一日召集 御大葬臨時議会
第三次桂内閣	元年十二月二十一日成立 二年二月十日総辞職 期間五十二日	第三十議会	元年十二月二十四日召集 十五日間、五日間、三日間停会
山本内閣	二年二月二十日成立 三年四月十六日総辞職 期間一年二カ月	第三十一議会	二年十二月二十四日召集 三日間停会
大隈内閣	三年四月十六日成立 五年十月四日首相辞職	第三十二議会	三年五月四日召集 海軍補充費臨時議会
		第三十三議会	三年六月二十日召集 皇太后大葬臨時議会
		第三十四議会	三年九月三日召集 日露戦費臨時議会
		第三十五議会	三年十二月五日召集 同年同月二十六日解散
		第三十六議会	四年五月十七日召集
		第三十七議会	四年十二月二十九日召集

寺内内閣	五年十月九日成立 七年九月総辞職	第三十八議会	五年十二月二十五日召集 六年一月二十五日解散
		第三十九議会	六年六月二十一日召集

参考文献・資料ほか

『昭和史発掘』松本清張、文藝春秋、二〇〇五（平成一七）年一〇月
『神々の乱心』松本清張、文藝春秋、一九九七（平成九）年一月
『牧野伸顕日記』伊藤隆・広瀬順皓（編）、中央公論社、一九九〇（平成二）年一二月
『木戸幸一日記』東京大学出版会、一九八九（平成元）年一二月
『昭和初期の天皇と宮中・侍従次長河井弥八日記』岩波書店、一九九三（平成五）年六月
『侍従武官長 奈良武次日記・第2巻日記』柏書房、二〇〇〇（平成一二）年一一月
『天皇の陰謀後編』デイビッド・バーガミニ、れおぽーる書房、一九七三（昭和四八）年六月
「大日本連合婦人会　沿革史」
「家庭」大日本連合婦人会
「玉龍三〇年の歩み」
「工政」工政会、一九九三年
「更新家庭生活」大日本連合婦人会（編）、森田書房、一九四一年
「更新家庭生活」大日本連合婦人会（編）、文昭社、一九四二年
『渡辺洸三郎追悼録』故渡辺洸三郎追悼録編纂委員会、一九三七年

『メートル法批判』尺貫法存続連盟、刀江書院、一九三四年
『郷土人系』南日本新聞社（編）、一九六九（昭和四四）年九月
『知命と立命』岡正篤、プレジデント社、一九九一年
『牧野伸顕伯』下園佐吉、人文閣、一九四〇（昭和一五）年九月
『昭和の教祖』安岡正篤・塩田潮、文藝春秋、一九九一年七月
『天皇裕仁の昭和史』河原敏明、文春文庫、一九八六年四月
「新潮45」新潮社、二〇〇五年一〇月号
『狂気と王権』井上章一、紀伊国屋書店、一九九五（平成七）年五月
『孤高の国母　貞明皇后』川瀬弘至、二〇二〇（令和二）年一一月
『大正天皇』原武史、朝日新聞社、二〇〇〇（平成一二）年一一月
『政界五十年思い出の人々』宇田国栄、丸ノ内出版
『皇后考』原武史、講談社、二〇一七（平成二九年）一二月
『昭憲皇太后・貞明皇后』小田部雄次、ミネルヴァ書房、二〇一〇（平成二二）年一一年
『宮廷』小川金男、日本出版、一九五一（昭和二六）年六月
『女官』山川三千子、実業の日本社、一九六〇（昭和三五）年
『右翼思想犯罪の総合的研究』司法省刑事局、一九三八（昭和一三）年

『その頃を語る』朝日新聞社、一九二八（昭和三）年一〇月
『北一輝著作集』みすず書房、一九七二（昭和四七）年四月
『荷風全集　二一巻』岩波書店、一九九三（平成五）年六月
『荷風全集　一九巻』岩波書店、一九七二（昭和四七）年八月
『大岡昇平集　一一巻』岩波書店、一九八三（昭和五八）年三月
「文藝春秋六月特別号」文藝春秋、一九六七（昭和四二）年六月
『時の人・永遠の人』博文館、一九二〇（大正九）年七月
『床次竹二郎氏の急逝』挙国社、一九三五（昭和一〇）年
『後藤新平論』統一社、一九一九（大正八）年五月
『原敬日記　第九巻』乾元社、一九五〇（昭和二五）年六月

大阪毎日新聞　一九三六（昭和一一）年八月～一九三六（昭和一一）年九月
東京朝日新聞　一九三六（昭和一一）年八月～一九三六（昭和一一）年九月
時事新報　一九三二（昭和七）年九月ほか
朝日新聞　一九七〇（昭和四五）年二月ほか
南日本新聞　一九七〇（昭和四五）年二月ほか

■著者略歴

米村秀司（よねむら・しゅうじ）

1949年生まれ。同志社大学卒。1971年４月、ＫＴＳ鹿児島テレビ放送入社。報道部長、編成業務局長、企画開発局長などを経て、鹿児島シティエフエム代表取締役社長に就任。2019年11月、第39回地方の時代映像祭パネリスト（NHK Eテレで全国放送）。インスタグラムによる番組配信や『ひきこもり脱出ラジオ』などの番組制作を手がける。2020年、同志社大学メディアプロフェッショナル講座講師。2021年６月鹿児島シティエフエム代表取締役社長を退任。2021年、次世代リーダー育成塾・地域コミュニケーション講師。
現在、「一般社団法人日本コミュニティ放送協会」理事。

【主な著書等】
「テレビ対談・さつま八面鏡」鹿児島テレビ放送、編著、1979年
「欽ちゃんの全日本仮装大賞」日本テレビ放送網、共編、1983年
「博学紀行・鹿児島県」福武書店、共著、1983年
「スペインと日本」行路社、共著、2000年
「消えた学院」ラグーナ出版、2011年
「ラジオは君を救ったか？」ラグーナ出版、2012年（**第18回日本自費出版文化賞入選**）
「岐路に立つラジオ」ラグーナ出版、2015年（**日本図書館協会選定図書**）
「そのときラジオは何を伝えたか」ラグーナ出版、2016年
「権力に対峙した男─新・西郷隆盛研究─上巻」ラグーナ出版、2017年
「権力に対峙した男─新・西郷隆盛研究─下巻」ラグーナ出版、2018年
「第39回地方の時代映像祭　シンポジウム抄録」ラグーナ出版、2020年
「昭和金融恐慌と薩州財閥」ラグーナ出版、2020年（南日本出版文化賞最終選考作品）

異色の鹿児島人シリーズ①
元東宮女官長
島津治子不敬事件の真相

二〇二一年十二月一日　第一刷発行

著　者　米村秀司
発行者　川畑善博
発行所　株式会社 ラグーナ出版
〒八九二－〇八四七
鹿児島市西千石町三－二六－三F
電　話　〇九九－二一九－九七五〇
ＦＡＸ　〇九九－二一九－九七〇一
URL https://lagunapublishing.co.jp
e-mail info@lagunapublishing.co.jp

装丁　椨　陽子
印刷・製本　有限会社創文社印刷
定価はカバーに表示しています
乱丁・落丁はお取り替えします
ISBN978-4-910372-14-3　C0021